関東地方の北東部に位置し、太平洋に面した人口約283万人の県。

常陸国全域と下総国の一部が合わさって成立した。豊かな自然を残しつつも臨海部に工業地帯、内陸部に農業地帯、西部に文教都市とベッドタウンを有し首都圏を支えている。

他方で、筑波山や鹿島神宮、大洗磯前神社などパワースポットも数多い。

大子

北茨城

●袋田の滝

日立

常陸太田

ひたちなか

水戸

笠間

大洗

筑西

石岡

鉾田

▲筑波山

古河

つくば

土浦

霞ヶ浦

行方

北浦

鹿嶋

常総

取手

●牛久大仏

龍ケ崎

神栖

消失

常陸太田市

茨城県出身である寶井《たからい》さんの妻は、なぜか帰省を極端に躊躇《ためら》う。
「茨城にあと一回帰ったら私、消えちゃうのよ」
意味がわからず、無理やり茨城県に連れて帰った。
その日、妻は実家のなかで、いつの間にか煙のように消えてしまった。
家族は寶井さんを責めて「なぜ娘を連れてきた」と泣きじゃくるばかり。
妻の家族に縁を切られたあとも寶井さんは、消えた妻をいまでも探している。

袋田の滝・心霊ファーストコンタクト

大子町

茨城県には袋田《ふくろだ》の滝という、全国的に有名な観光地がある。華厳の滝、那智の滝とともに日本三名瀑のひとつに選ばれている。秋には見事な紅葉も見られる景勝地だが、じつは自殺の名所という側面もある。


かえでさんは彼氏との初デートで袋田の滝を訪れた。

橋の上から滝つぼに向かってカメラを構えて数枚写真を撮影したところ――

滝のすぐそばで男がひとり、立っているのが見えた。

あんなところにいてはさぞかし水が冷たいだろう。それに危ない。

男は橋の上から見ているかえでさんたちを見上げながら、やがて滝に自ら飛び込むように落ちた。

「あ、落ちた！」

慌てる自分をよそに彼氏は轟々と流れる滝に感動している。

彼氏には見えていないようだ。
そこで初めて、あの男性が生きている人間ではないと気づいた。
それが、かえでさんの霊体験におけるファーストコンタクトである。

魚とおじさん

北茨城市

　これは私（影絵草子）がＳＮＳなど自身の配信でお世話になっている、ハンドルネームまだらさんから聞いた話である。

　まだらさんが四歳から五歳ごろの話だという。

　当時、彼は自動車部品工場で働く父親の会社によく遊びに行っていたそうだ。

　危険な場所もあるので、遊んでいるときに怒られることも何度かあったが、そこでの遊びは自分にとって日課のようになっており、どんなに叱られようとも次の日にはすっかり忘れていた。

　子どもが興味を示すようなものはないが、広い社内はまるで迷路のようでとても楽しく、時間があればいつも来ていたのだという。

　会社の近くには神社や公園もあり、そこも遊び場にしていた。

　その神社に行く途中に町の小さな診療所があり、受診できる日には入り口がいつも開放されていたのを覚えている。

ただ、ひとつだけ気になっていたことがあった。スリッパに履き替える上がり框《がまち》に、いつも作業着姿のおじさんが座っていることだ。そのおじさんは、どこにでもいる普通の人のようなのに、なぜか怖かった。

微動だにせず、真ん丸い目でじっと虚空を見つめているのである。

ある日、入り口の横にある塀《へい》から覗いてみた。

すると、さらに異様なことに気づいた。

サンマのような細長い青魚を頭から、口にパクリと咥《くわ》えているのだ。

こちらからは、おじさんの口から魚の尾が出ているのが見える。

よく見れば、焼いた魚ではなく生魚だった。

神社へ遊びに行くためには、必ずそこを通らなければいけないので、とても怖かったのを覚えている。

いつも通るたびにおじさんは同じ場所に同じ姿でいるが、とくに何もしてくることはなく、ただ虚空を見つめながら座っているだけ。

一緒に遊んでいた友達は何事もなく通っていたので、友達にはまるで見えていなかったようすだった。

一度、母親にそのおじさんの話をしたことがある。すると、すぐに「そんなおじさんはいない」のだと否定された。

生魚を咥えているなんてまるで河童のようである。

ちなみに県内には、河童が出るとされる牛久沼（二十二ページ参照）もある。

幽霊トンネル

笠間市

茨城県内にも心霊スポットと呼ばれる場所はいくつもあるが、なかでも笠間《かさま》トンネルが有名だ。鎌倉時代に建てられた笠間城跡に隣接しているので、落ち武者の霊が出るらしい。そのほかトンネル付近に井戸があり、絶対に覗《のぞ》いてはならないとされている。覗けば、神隠しに遭うそうだ。

健二さんは友人二人とともに、笠間城跡の史跡を目当てに遊歩道を歩いていた。トンネルに寄ったのは、ついでだ。

トンネル内部は薄暗く、落書きだらけ。

噂の井戸は、残念ながら見つけることができなかった。

ただ、人工的なトンネルは昼間でも不気味な雰囲気が漂い、怖さはじゅうぶん。健二さんたちは途中で引き返し、帰ろうということになった。

健二さんはトンネルの入り口に停めた車のなかで、先ほど浮かんだある疑問を二人にぶつけた。

「ねえ、さっきさ……トンネルの入り口で誰に話しかけてたの?」

先ほど二人がトンネルの入り口に戻ってきたとき、誰かに話しかけているような会話をしていたのだ。

「変な女いたじゃん。『小松さんですよね。行きましょう、トンネルの向こうに』ってしつこく誘ってきたんだよ。なんでか俺の名前知ってたし気味悪かったわ」

「そこには、誰もいなかっただろ?」

「そんな……」

友人には、自身の名前を呼びながらトンネルの奥へ誘《いざな》う、居るはずのない女が見えていたようだ。


笠間トンネルの噂が本当かはわからない。

ただ、幽霊が出るというのも、あながちでたらめでもなさそうだ。

ちゃぶしたうわばき

茨城県南部

国松さんという男性から伺った話である。

いまから数十年前の小学生のときの出来事だ。

国松さんの担任は玉造《たまつくり》という女性の先生だった。生まれも育ちも茨城県人であるため茨城訛《なま》りがひどく、とくに怒るとそれが顕著だった。

たとえば、うわばきの踵《かかと》をつぶして履いていると、「うわばきちゃぶすな！」と拳骨《げんこつ》がミサイルのように飛んできたものだ。

「ちゃぶす」とは、茨城県の県央で使われる方言で「つぶす」という意味だ。

最初は、踵をつぶすことがだらしないから怒られているのだろうと思っていたが、怒り方が尋常ではないことに生徒たちは気づいた。

偶《たま》さか国松さんは、放課後に先生と二人きりになる機会があり、どうしてそんなに怒るのか聞いてみた。すると先生は、自身の体験を教えてくれた。

先生が小学生の頃にも、いつもうわばきをつぶしていた生徒がいたそうだ。

名前を仮に智美とするが、智美は女の子ながら、うわばきだろうが、運動靴だろうが、履き物はいつも踵をつぶしていた。周囲が転ぶよと注意したそばから転ぶので、皆あきれていたという。

そんなある日、智美は横断歩道を渡ろうとして転び、車に轢《ひ》かれてしまった。そのまま病院に運ばれたが、助からなかった。

だから先生は、生徒が靴の踵をつぶしているとそのときのことを思い出してつい怒ってしまうのだという。

そんな話を聞かされたのでは、先生の前でうわばきをつぶすわけにはいかない。

生徒たちは翌日からきちんと履くようになった。

それからしばらく経ったある日、国松さんたちは先生が近々学校を辞めるという話を耳にした。田舎で暮らす母親の介護を妹に代わってするためだという。生徒たちはクラスでちょっとしたお別れ会を行なうことにした。

そのお別れ会の当日、いつものように先生が教卓の前に立つと突然、

「みんなに見せたいものがあります」

と言う。なんだろう、と教室中がざわめく。

もしかしたら、最後に何かプレゼントをくれるのかなと思ったが、見せられたそれは、踵の部分がつぶれたボロボロの汚いうわばきだった。

踵の部分と靴底が赤いので、女子用だとわかる。男子用であれば、学年によっても異なるが、たいがい緑もしくは青のはずである。

「いまからこれをみんなに回していきます。みんな両手できちんと持って、次の人へ回していってください」

突然の指示にクラス中が首を傾《かし》げていた。国松さんも、なんのためにそんなことをするのだろうと思った。だが皆が啞然《あぜん》としているうち、先生が最前列の生徒に靴を手渡したので、仕方なく言われたとおりに靴を回していく。

靴を受け取ったクラスメイトたちは皆、なんとも言えないゆがんだ表情で次の生徒に手渡していった。なかには、いまにも泣きだしそうな顔をしている生徒もいた。

そして、とうとう自分の番が来た。

前の生徒から受け取った瞬間、ずしんとした重さが両手にのしかかる。

持ってみると、ただのうわばきより明らかに重たいのだ。国松さんの言葉を借りるなら、「十キロのダンベルを持ったみたい」だったという。どう考えてもうわばきの重さではないが、なかには重りなどは何も入ってはいない。

それに、冷たい。氷に直接触れたときの感覚に似ている。

その冷たさには、なんとも言えない異常さも感じられる。冷感の底に、説明のつかない感情の塊《かたまり》がぐるりととぐろを巻いているのがイメージできた。強いて言うなら、鋭利な冷たさであろうか。

国松さんは嫌な雰囲気を感じ、すぐに次の生徒に回した。


やがて全員の手を回り終えると、先生は満足したように、自らの手元に戻ってきたうわばきを愛しそうにうっとりと見つめ、撫で回しながら言った。

「いま皆さんに回したのは、私の亡くなった友人のうわばきなのよ」

つまりそれは、先生の話のなかに出てきた智美さんの「遺品」だ。

なぜ、そんなものを生徒に回したのか。

なぜ、あんなに重いのか。

そんないくつもの疑問をそこにいた誰もが抱いていた。

しかし、鬼気迫るような先生の思い詰めた表情に、誰も訊くことができなかった。

いつもは明るく振る舞う先生が、今日ばかりは恐ろしく思えた。

そして生徒たちを舐めるように見渡すと、

「このうわばきはこの教室に置いていきます。大事にしてください。そしてうわばきを見るたびにあの子のことをしっかり思い出してあげてください。あの子は、とてもやさしくて、みんなみたいに元気で、可愛かったから……」

そう言って先生は顔を覆《おお》いながら、しばらくおろおろと泣いていた。

生徒たちは彼女が泣き止むまで、それをただじっと見つめているほかなかった。

うわばきはその後も教室に一年間はあったはずだが、いつの間にかなくなっていた。誰かが処分したか、あるいは誰の目にも触れないような別の場所に移されたのだろう。

考えてみれば、彼ら生徒にはその子の悲しみや寂《さび》しさなどわかるはずもない。小学生が背負うには荷が重すぎるトラウマのようなものを、先生は置いていった。

その場にいた同級生の女子生徒が何気なく口にした、

「魂って、重たくて冷たいものなのかな……」

という言葉が、いまでも国松さんの耳には哀しみをはらんだ言葉として残っている。

牛久沼の河童

牛久市・龍ケ崎市

ＪＲ常磐線《じょうばんせん》の龍ケ崎市駅《りゅうがさきしえき》のすぐ北西に、牛久沼《うしくぬま》がある。六・五平方キロメートルにもおよぶ広大な湖だ。

その名のとおり、牛久市に接しているほか、龍ケ崎市、つくば市、つくばみらい市、取手市《とりでし》にも隣接しているが、湖自体は龍ケ崎市に属している。

古くからうなぎがおり、うな丼発祥の地として知られ、湖畔にはうなぎ屋が軒《のき》を連ねるうなぎ街道がある。また、筑波山《つくばさん》や遥か遠くに富士山をも望める湖面の雄大な湖面の景観に加え、ハクチョウやキジ、カモ、カワウなど多くの水鳥が訪れる豊かな自然から、茨城観光百選にも選定され、連日多くの人で賑《にぎ》わっている。

この牛久沼、じつは河童の名所としても知られている。

明治期に画家の小川芋銭《おがわうせん》が、河童伝承が残る牛久沼の河童松を全国へ紹介して、河童の名所として知られるようになった。湖畔には芋銭の功績を讃えた河童の碑があるほか、二〇一二年に整備された湖畔の遊歩道は、公募により「牛久沼かっぱの小径《こみち》」と命名された。

それほど目にする河童だが、もちろん妖怪の類であり、実在はしない。芋銭だって見たことすらないだろう。

しかし、そうとも言い切れない目撃例が数多くあるのだ。左記に示すのは、そうした遭遇談の一部である。

【報告一　ベランダにて】

牛久沼周辺の団地に住まれている葛城《かつらぎ》さんという主婦の方の体験談である。

午後に洗濯物を干そうとベランダに出たとき、洗濯物に何かがぶら下がっているのに気づいた。

黒みがかった緑色の何かが、長男のTシャツにぶら下がっているではないか。

動物だと思ったので、拳を握りしめ、恐る恐るシャツにグーパンを食らわせると、その何かはベランダから飛び降りてしまった。

ただし、ここは六階である。

慌てて飛び降りた真下を見るが、そこには何もいなかったという。

【報告二　甲羅】

四十代の男性、裕二さんから聞いた話である。

裕二さんは子どもの頃に牛久沼で河童を目撃しているという。あれはたしかに河童に間違いないと断言するので、なぜそう思うのかを聞いてみた。

「いやあ、だってね。黒い六十センチくらいの甲羅が、よどんだ沼のなかを泳いでいくのを見たからね」

夕方、友達と帰り道を歩いていたら、鳴き声が聞こえた。

なんだろうと思い川を覗いてみると、川上のほうへ甲羅が泳いでいくのが見えた。

その甲羅は黒光りしていて不気味だった。

スッポンやカミツキガメの類ではない。その証拠に少し透けていて、おまけに尻尾がかなり長かった。

「間違いなく、あれは河童だと思う」

裕二さんは自信満々にそう言い切る。

【報告三　黒い河童】

平成のはじめ頃のこと。牛久沼近辺に住んでいた坂崎さんは、ひとりで沼へバス釣りに出かけた。

釣りをしていると、専らほかのことを考える。

抱えているローンのこと、故郷のこと――。

気づけば一時間ほど経っていた。腹が空いてきたので釣りを切り上げ、帰ろうとしたとき――

ばしゃばしゃと水面に波紋が広がる。

なんだろう、と水際に寄って見る。

黒い人のようなものが半身を覗かせ、こちらをじっと見ている。

そいつと目が合った。

その目はまるでビー玉のようで野性動物のような獰猛《どうもう》ささえある。

恐怖を覚え、逃げだそうと踵《きびす》を返した。

すぐ真後ろから、ぼちゃんと水に飛び込む音がした。

それから、たまにキュウリをこっそり供えに行っているそうだ。

「なんだか、友達ができたようなもんなんだよね。そうそう、変わったことといえば、それを見てからいいことがいくつかあったんだ」

――だから、河童が幸運を運んできてくれたんじゃないかな。

と、坂崎さんは懐かしそうに話してくれた。

私は坂崎さんの話を聞いて、彼が河童と呼ぶ者が、全身焼け焦げた真っ黒な人だったら嫌だなと思った。

屋根裏の河童

茨城県央

酒好きの山代さんから伺った、県央のとある酒蔵の話である。

山代さんの知人がやっているその酒蔵はかなり歴史が古く、造っているお酒も酒好きの山代さんが太鼓判を押すほど美味しい。

その酒蔵の屋根裏から五十年前にあるものが見つかった。

干からびた肉のような――まるでミイラのような、何か。

よく聞く話で、酒造りや醤油造りのような水を重要視するところでは、水神となる河童のミイラなどを、住居より高い位置――たとえば屋根裏に置くと良いとされている。

ただし、当然のことながら作り物である場合がほとんどだ。

しかし、この河童の場合はどうだろうか……。

つい最近、山代さんに会う機会があったので、河童について詳しく話を聞いてみることにした。

しかし、不可解なことに山代さんは覚えてないというのである。

河童を覚えていないどころか、その酒蔵のことすらも忘れている。

ひどいもの忘れか、怪談好きの私がからかわれただけの話とも思える。

しかし、私がなおも河童について教えてくれとしつこく食い下がると、山代さんはなぜか、

「思い出してはいけない記憶もあるのではないか」

そんなことを言うようになった。さらに付け加える。

「梯子を上った先にあった、あの屋根裏にあったのは……河童なんかじゃない」

山代さんの記憶は、少しずつよみがえってきているのかもしれない。

私は無理に思い出させようとするよりも、このまま思い出すのを待つほうがよいと思った。

ただ、思い出すときは覚悟をしなくてはならない。

そんな気がするのだ。


屋根裏の河童は、もしかしたら獣が迷いこみ、そのまま死んで残った可能性もある。ただ、食品を取り扱う場所で、動物の死体を放置するなどあり得ないだろう。

消えた記憶を思い出させるのは困難だが、屋根裏で何かを見たことで記憶が消えたのならば、山代さんが「河童」と称した屋根裏の存在は、いったいなんだったのか。

記憶にブレーキをかけるほどの恐ろしい何かなのか。
いまは残念ながらこれが伝えられるすべてだ。
屋根裏の闇は、いまだに真相を遠ざける。

蛇沼のヌシ

龍ケ崎市

車がたいへんに好きだという国木田さんから聞いた話である。

十四年前、龍ケ崎市に住んでいた当時三十代の国木田さんが、お盆休みを利用して久しぶりに仲の良い友達六人で集まった。昼間はカラオケに行き、日が暮れると肝試しをすることになった。

適当にファミレスで夕飯を済ませたあと、さっそく幽霊の目撃談があるとされている「蛇沼」という場所に向かった。蛇沼は、身投げや死体遺棄などの不穏な噂話がつきまとう、いわくつきの場所である。

蛇沼の駐車場は暗闇に包まれており、小さな街灯にぼんやりと照らされている。

車を降りて歩いていくと、公園の入り口が見えてきた。

ひと気のない公園は、不気味で人を寄せつけない雰囲気だ。

「なかなか怖いな……」

周囲の小さな葉擦《はず》れの音にさえビビりながら、強がったり青い顔をしていたりする仲間たちをからかったりしていた。

皆、他愛のない話をしながら、なるべく無言にならないように、そして怖がっているのに気づかれないように必死だった。

公園内を突き進み蛇沼に向かったそのとき――

……ゴトッ

右側の草むらから何かが崩れた音がした。

皆で音のほうを見ると、そこには積み重ねられた石があった。

まるで賽《さい》の河原のような光景だ。

国木田さんがふざけてその石を拾い上げ、沼めがけて投げた。

それに続いて佐藤という友達も「いえーい！」と奇声を上げながら石を次々と沼に放り投げる。

懐中電灯の光やかすかな月明りで沼が照らされ、水面に波紋が広がっているのが確認できた。

よく見てみると、うっすらと白く細長いひも状の何かが、沼の奥へと、自分たちから遠ざかるように泳いでいくのが見えた。

「あれ、へビか?」

国木田さんがそう言っても、仲間たちは首を傾げるばかり。どうやら見えてないようだ。ただ、佐藤だけがかすかに震えながら、何かにおびえているようすに見えた。

そのときはとくに気にするわけでもなく、そのまま蛇沼で肝試しを続行した。帰る直前、せっかく来たのだから記念撮影でもしようと誰かが言いだし、蛇沼を背景に写真を何枚か撮影した。

皆が各々に解散していくなか、なぜか佐藤だけがいつまでも帰ろうとしない。

「どうしたんだ?」

国木田さんの問いかけに、佐藤は何も言わずただおびえた仕草をするだけ。ついに国木田さんは何も言おうとしない佐藤に怒り、「たかがへビに何をビビる必要があるんだよ!」と詰め寄ると、佐藤はあまりの怒りように帰ってしまった。


それから三日後、友人のひとりから電話がかかってきた。

「佐藤、知らねーか?」

事情を聞いたところ、佐藤の母親から電話をもらい、まだ帰ってきていないことを聞かされたようだ。

じつは国木田さんの周りでも不思議なことが起こりはじめていた。

夜中に自室で子どもの影が這いつくばっている。

窓の外に手垢がついている。

赤ん坊の泣き声が聞こえてくる。

そんなおかしなことが頻発したのだ。さすがに異常さを感じた国木田さんは、佐藤の母親に相談してみることにした。

憔悴《しょうすい》しながらも母親は国木田さんに話してくれた。

「息子がまだ帰ってきていないんだけど……息子の部屋からたまに変な声が聞こえてくることがあるの。何か、知ってる?」

国木田さんは、母親にいま自分の身に起こっている出来事を細かく説明した。

「あの石を投げたの⁉」

母親はひどく驚いたようすである。なんでも、蛇沼には白いヘビがいて、村人からひどい仕打ちをされたために人間を恨んでいたらしい。そこから、白いヘビを見た人は死んでしまうという伝説が生まれたのだそうだ。

国木田さんは翌日、友人にあの日の最後に撮影した記念写真を見せてもらうことにした。

いざ写真を見た途端《とたん》、国木田さんは凍りついた。

カメラマン役のひとりを除いた五人で写っているはずだが、そこには六人写っているのだ。

その存在するはずのないひとりは、胴体がヘビのように伸びて、国木田さんと佐藤に巻きついているように見える。そして上のほうに伸び、二人を見下ろしているような形をしている。

「うわあ！！！」

恐怖のあまり取り乱した国木田さんは、すぐにお寺に駆け込んで、

「助けてください！　俺、死んでしまうかも！」

そう言うと住職は一瞬ぎょっとしたのち、国木田さんの話を聞いてくれた。

「蛇沼には主《ヌシ》を封印しているんです。その封印を解いたのかもしれないね」

石を投げる行為についてひどく怒られたのち、住職はそう軽く説明してからお経をあげてくれた。


次の日、読経の効果があったのか、佐藤の母から電話がかかってきて、

「息子が帰ってきた！」

と涙混じりの声で報告があった。国木田さんはバイトを休んで佐藤の家に向かい、本人

と直接、話をすることができた。

「お前、心配させせんじゃねーよ！　どこにいたんだよ！」

と怒鳴ると、返ってきた答えに驚いた。

佐藤いわく、国木田さんの家に行っていた、とのことらしい。

「お前、ヘビみたいな白い靄《もや》に巻きつかれてたんだぞ……。夜になるとそいつは俺んちにも来るから、俺は怖くなってお前んちに行ったんだ。でもカーテンの隙間から見たら、お前も白いやつに巻きつかれたままで……結局怖くなってお前の部屋に行けないし、家にも怖くて帰れないし、お前んちの物置に隠れてた」

国木田さんは驚愕しながらも、冷静になって考えていた。

窓の外についていた手形は、どうやら佐藤の手形なのだろう。しかし、数々の現象は自分を中心に起こっていたらしい。

「ヘビってどんなやつだったんだ？」

「二メートルくらいあるかもしれない長くて白いヘビだった。しかも顔が人間で、血塗《ちまみ》れだった。悪いけど、俺が話せるのはここまでだな」

どうやらあの写真のヘビのような感じだったという。佐藤はおびえたような表情だった。

後日、国木田さんと佐藤は蛇沼へ行き、残された石をもとの形に積み上げて手を合わせた。解決したかはわからないが、最低限そうしないといけない気がしたのだ。以来、不思議な出来事は落ち着いている。

茨城県各地には、白ヘビをはじめとした信仰は多く残っている。この蛇沼もそうした蛇信仰に関連した場所なのかもしれない。

ししおろし

茨城県央

〈山のなかで突然、長い縄に吊るされたケモノを見たら逃げろ〉

そんな言い伝えが、加護さんの家にはあった。

吊るされているケモノを可哀想に思って、おろして縄をほどいてやったりすれば、それは単眼の猪だったり鹿だったりするそうだ。

それをししおろしと呼ぶのだという。

過去、じつに四名の男性が亡くなっているそうだ。

さがす夢

守谷市

茨城県は、北海道に次ぐ耕地面積を誇る〝野菜王国〟である。年間算出額を比べても、ピーマンや水菜、レンコン、チンゲン菜などは全国トップで、キャベツ、レタス、ネギ、ニラ、ごぼうなど食卓に欠かせない野菜も全国二位や三位を維持している。その多くが東京都中央卸売市場に運ばれ、首都圏の食を支えているのだ。

そうした茨城が誇る野菜が添え物程度に登場する話を左記に示す。

約二十年ほど前のことである。

「もう一週間近く同じ夢を見続けている」という、尾崎さんの夫婦から話を聞いた。

夢を見ているのは奥さんである。

その夢は、どこかの家の前に佇《たたず》んでいるところからいつもはじまる。

縁側にはいつもザルがあり、なかにはキュウリやトマトがたくさん入っている。地元で採れた野菜だろうか。

家のなかに入ると、家主の女性から何かを探すように頼まれて家のあちこちを探して回る——そんな夢。

しかし、何を探しているのかはわからないし、それがどんなものかさえまったくのノーヒント。いつも見つけられず「ないです」と言って、残念そうな顔をして奥さんは目覚めるのだそうだ。

しかし、一番最近に見た夢は、少しだけ違った。

探しものを見つけられず「ないです」と言うと、いつもはあまり口を開かない家主の女性が、こう言った。

「じゃあ、あなた自身でまかなってもらうしかないわね」

——わたし自身？

自身でまかなうとは、いったいどういうことなのか。身体の一部分を犠牲にするとか、そういったことだろうか。奥さんの脳裏に最悪の事態も過《よ》ぎる。

焦《あせ》った奥さんは、咄嗟《とっさ》に友人の名前を言った。

すると女性は「わかった」と言い、嬉しそうに笑った。

探していたものは結局わからなかった。

奥さんが名前をあげた友人はその後、行方不明になったそうだ。
さらに夢の件から三年ほど経ったとき、ある人と道端で出会った。
夢のなかのあの女性と瓜二つだったのだ。いや、あの人そのものが歩いていると言ってい
い。それほどにそっくりだ。
声をかけようと思ったが、その前に向こうが気づいたのか、いきなり方向を変えてこち
らを見る。そして近づいてくると、耳打ちするように、
「あなたが疑問に思ってること、教えてあげようか。あなたのお友達は私の代わりにあの
家にいるわ。あの家は人がひとりいなきゃだめなの。代わってくれる人が現れたら前にい
た人が出られるのよ」
そう囁《ささや》いて、あの夢のように嫌な笑顔を浮かべながら「じゃあね」と言い、行ってしまった。
友人は無事なのか。あの家はいったいなんなのか。どこにあるのか。そもそもなぜ私に
――いろんな疑問が頭を駆け巡ったものの、気づけば女性はいなくなっていた。

その後、自分可愛さに友人を犠牲にしたという罪悪感を抱えながら、奥さんは日々を送っ
ていたそうだ。ただ二年ほど経過すると、二番目の子を授かったこともあって、ようやく
後悔も吹っ切れつつあった。

——と、思っていた矢先。

奥さんがふらりと出かけたまま帰らなくなった。

ここからは、その後に旦那さんから聞いた話である。

——妻はまた夢を見て、夢に閉じ込められた友人と代わられたのではないか。

そんな嫌な想像が過ぎった。

最近、近くのコンビニにアルバイトの女性が入った。

行方不明になった妻の友人と、同じ名前の女性だ。

同じ名前というだけである。友人と決まったわけでもないし、そもそも尾崎さんは最初から顔を知らないので確かめようがない。

その女性はいつも笑顔で接客している。ただ、尾崎さんが入店して目が合うと、笑顔だったのが一瞬だけ真顔になるときがあるそうだ。

いつの間にかその女性は、コンビニを辞めていた。

奥さんの所在はいまでもわからない。

見送り

水戸市

大川さんはＪＲ常磐線の赤塚《あかつか》駅から、友人宅を目指して歩いていた。方向音痴なのでかなり迷ったが、なんとか友人宅にたどり着いた。

そして、用事を済ませて帰ろうとすると、

「大丈夫？　駅まで帰れる？　送ろうか？」

と心配された。友人も大川さんが方向音痴だと知っている。今日も着くなり、かなり迷いながら来たことを話していたので、見送りを申し出てくれたのだ。

しかし、それは悪いと思った大川さんは、

「大丈夫だから。なんとか日暮れまでには帰れそうな気がするし」

と断った。何かあったら連絡するようにと言われ、送り出されたものの――

案の定、迷ってしまった。

いつまで経っても同じ道ばかりをぐるぐると回っているような気がする。

道中、「水戸工兵隊跡」と彫られた石碑を見つけた。

昭和十三年に編成された水戸工兵隊の兵営があった地であることを示す石碑である。

存在は知っていたが、見るのは初めてだ。

なんとなくしばらく立ち尽くしてしまったが、気づけば隣に自分と同じように立っている女性がいる。

きれいな黒髪の女性。

二十歳くらいだろうか。

白い服を着ている。

「こんにちは」

不意に声をかけられ、自分も挨拶を返した。

それから迷っていたことなど忘れて、女性と話しながら歩いた。

妙に気が合っていろんな話をした気がする。

しかしある瞬間、自分ひとりで会話をしていることに気づいた。

そして、さらに驚いたことに——

目と鼻の先に、駅がある。赤塚駅だ。

女性とともに歩いていたら、あんなにたどり着けなかった駅にいつの間にか着いたらしい。

女性はいつ、いなくなったのだろう。

気づいたときには姿を消していた。

きっと彼女がここまで連れてきてくれたのだと思う。

迷った人を連れてきてくれる存在だったのかもしれない。

大川さんは、あの石碑の前に佇んでいた黒髪のきれいな女性のシルエットがいまもたまに思い出されるという。

嘘火事

土浦市

若い頃に消防団をやっていたという四十代男性の伊藤さんが、子どもの頃のことだというから、もうかなり昔の話になる。

伊藤さんはよく嘘ばかりついていたので、ホラ吹き治郎と周りから呼ばれていた。いまから思えば、子どもながらに注目されたい、目立ちたい、そんな気持ちから嘘をつくようになったのかもしれない。

ある日、伊藤さんが二階の自室にいると、向かいにある一軒家の二階の窓に、炎が上がっているのが見えた。

その炎はまるで生きているかのようにゆらゆらと部屋をさまよい、踊っているようにも見える。

これは一大事である。早く母親に言って消防車を呼んでもらわねばなるまい。

ところが、母親はそのとき買い物に出ていて家にはいない。

十五分ほどが経過し、やっと母親が帰ってきたので、母親に向かいの部屋が燃えていると言うが、なぜだか信じてもらえない。

仕方なく無理やり母親を二階の部屋に連れていくと、あんなに燃えていた向かいの部屋が、いつものなんでもない普通の部屋に戻っている。

火事があった形跡などは微塵《みじん》もない。

母親には、人騒がせな子だと拳骨をもらったが、納得がいかなかった。


それから別の日、同じように二階の自室にいると、またも向かいの部屋が燃えているのが見えた。

いまは母親が在宅している。いまならと思い、母親を連れて二階に急ぐ。

だが、またもや前回同様、部屋は燃えてはいなかった。

どうなっているのかと思ったが、母親は「本当に見たの?」と自分に対し、いつになく真面目な顔で聞いてくる。見たと答えると、母親は、

「あんたは嘘つきだけど、人を二度も困らせるようなことはしないと思うから信じる」

と、自分の話を信じてくれた。

思い返せば、あの部屋で見た炎はきれいな青色をしていて、不思議な炎だと思ったそうだ。

それからあの炎を見ることはなくなったものの、ひと月くらいして、向かいの家にある変化が訪れた。

その家に住んでいるおじさんとおばさんの喧嘩が絶えなくなり、しょっちゅうその声が聞こえてくるようになったのだ。

がっしゃーん！　という皿の割れる音や、揉み合う声が頻繁《ひんぱん》に聞こえる。

うちの両親が仲裁に入るほどだから、よほど激しかったのだろう。

おしどり夫婦で有名な二人だったにもかかわらず、なぜあんなふうに突然変わってしまったのか。自分が見たあの炎と何か関係があるのだろうか。

伊藤さんが消防団に入ることになったのも、この体験が理由のひとつだという。

茨城県の伝承のなかには、火にまつわるものもある。怪火と称されることもあるが、もしかしたら伊藤さんが向かいの部屋に見たのも、その類かもしれない。

小川脳病院・電話

小美玉市

夜中、大学生の来生《きすぎ》さんが寝ていると、突然の電話で起こされた。スマホを見ると、同じ大学の二個下の後輩・悠馬だ。なんの用かと思い、電話に出ると、

「先輩、幽霊見ちゃいましたよ！」

深夜にもかかわらず、かなりのハイテンションでそう捲《まく》し立ててくる。どこにいるのか尋ねたところ、「小川脳病院」という廃墟に来ているのだという。

小川脳病院とは、茨城の心霊好きならば誰もが知っているほど有名な心霊スポットで、「聖仁会小川病院」という正式名称の精神病院の廃墟である。市街地から離れた立地と窓に鉄格子がはまった不気味な雰囲気から、「戦時中、密かに人体実験が行なわれた」「地下で患者の遺体や脳のホルマリン漬けをつくっていた」などさまざまな噂が囁かれているが、想像の域を出ない。

悠馬はどうやらこの廃墟から電話をかけてきているらしいが、来生さんにはひとつ気に

なることがあった。

電話の向こうがずいぶん騒がしいのである。まるで数十人がいっせいに喋《しゃべ》っているような喧騒《けんそう》が後ろから聞こえている。そんなに大人数で行っているのだろうか。

「悠馬、うるさいんだけど、誰かいるのか？」

そう来生さんが問うと――

「えっ、ひとりっすよ？」

厭《いや》な予感がした来生さんは、いますぐ逃げろ！　と言うとすぐに、電話をこちらから切った。

なぜなら「逃げろ」という忠告のあとに、女の笑い声がしたからだ。思わず切ってしまったのである。

その後、悠馬は無事に帰ってきた。だが時々、悠馬からの電話に女の笑い声が入るようになった。

ツーリング　つくば市

小嶋さんは若かりし頃、付き合っていた恋人のちえみさんと、バイクでよくツーリングに出かけていた。

二人が最初にツーリングに行ったのは、ちえみさんが二輪免許をとったばかりのときである。彼女の練習がてら、小嶋さんが日帰りで地元の筑波山に誘ったのだ。

筑波山はつくば市にある行楽地。小嶋さんはその山の雰囲気がとても好きだった。すべり台など子どもが遊べるちょっとした遊具があるほか、お土産屋さんや動物の剝製も置かれたお化け屋敷なんかもある場所だが、眺めが良いのとそのシュールな雰囲気から、ひとりでも休日によく来ていた。

初めてのツーリングのあと、ちえみさんもこの筑波山を気に入ったらしい。頻繁に「山に行こう」と彼女のほうから誘ってくるほどだった。この場所の雰囲気にすっかり夢中になったというよりも、そのようすは異常に執着しているようでもあった。

さらに彼女は、筑波山を訪れるたびに何かを探していたような気がする。何を探しているかはわからない。

小嶋さんは次第に気味が悪くなり、彼女の誘いを断るようになった。すると彼女は、ひとりで出かけるようになった。

心配だったが、もうひとりでバイクに乗れるようになっているし、筑波山へ出かけても無事に帰ってきているようだったので放っておいた。


そんなある日のこと、二人の共通の友人から一報が入った。

筑波山で、ちえみさんが誰かといるところを目撃したらしい。

友人が言うには、いつもの彼女とは少し違って見えたという。二人は何やら話をしているようだったが、相手は彼女のそばでただ案山子《かかし》のように佇んでいるといったようすだったそうだ。身の丈が百四十センチほどで女性っぽい、黒い影のようにも見えた。

小嶋さんは途端に心配になり、仕事が忙しくあまり会えていなかったちえみさんに久々に連絡をとってみることにした。

電話口からは「あ、久しぶり」と聞こえ、安心した。

いつもの恋人の声だ。ただ——

「あそこにまた連れていってくれない？　ほら、あの初めてツーリング行った、筑波山」

小嶋さんは困惑した。なぜそんなに筑波山に執着するのだろうか。

だが、久しぶりの恋人とのツーリングである。あまり気は進まなかったが、行くことに決めた。

彼女とは、途中で待ち合わせてから一緒に行くことにした。

ところが、待ち合わせ時刻になっても、いっこうに姿を現さない。

業を煮やした小嶋さんは、ちえみさんに電話をかけた。すると、三回目のコールで、

「はい、もしもし」

あまりの落ち着きぶりに、少々怒りながら、

「いまどこにいるの？」と問いかけると、

「ごめんなさい」

そう言って、電話を一方的に切られた。

それから彼女は、彼の前から姿を消してしまった。

家にも帰ってないようだ。小嶋さんはとりあえず帰りを待つことにした。

それから一週間後、ちえみさんは元気な姿で小嶋さんのアパートを訪ねてきた。

いままでどこに行っていたのか問いただすと、

「ふらふら、友達の家に泊まったりしてた」とあっけらかんと答えた。

出会った頃からこういう放浪癖があったのでさほど驚かなかったが、心配したのは事実だ。

何をしていたのかだけでも聞かせてくれと、小嶋さんがいつになく怒ると、彼女は観念したのか打ち明けた。

「あの筑波山は、空気が私にぴったりなの。だから、ときどき嫌なものが憑いたときにはね、あの場所で浄化してもらうんだよね。あのときは誘っといてごめんね。もう限界で先に山に行っちゃってた。そのあともちょっとしんどくて……」

そう言って笑うのだが、小嶋さんには、その「嫌なもの」に心当たりがあった。

山に行こうとして彼女と最後に電話したとき、電話口の向こうから、たくさんの人の声がしたのだ。どこか騒がしい場所にいたのか、と聞くと「山のなかだよ」と言うのである。

周りには、電話をしている横でぺちゃくちゃ喋るような人なんていなかった。

ただ彼女は、憑きものが落ちたような晴れやかな顔で、

「人間ひとりぶんのキャパを超えちゃうと、やっぱりさすがに堪《こら》えきれなくなっちゃうんだよね。あのときの私がまさにそんな状態だったんだよ」と、本当にすまなさそうな顔で

謝るのだ。

それが、いまの奥さんだという。

相変わらず妻の霊感はすさまじく、余計なものが彼女を頼ってすがりついてしまうのだという。友人が目撃した案山子のようなものも、落としにいった憑きもののひとつだそうだ。

そういうときはやはり力のある山や、空気の良い場所に置いてくるそうだ。

それが、彼女がいうところの『浄化』なのだという。


ところで、奥さんは、何を探していたのですかね？　と聞くと――

小嶋さんは、それだけはいくら聞いても、教えてくれないのだと残念そうな顔で笑った。

古傷

水戸市

世の中には、茨城県人はもれなく納豆が好きだという固定観念があるようだが、当然嫌いな人もいる。

最近知り合った三十代男性コジマさんも、茨城県民ながら大の納豆嫌い。家族のうち自分以外は納豆好きなので毎朝が憂うつだ。なぜならにおいを嗅ぐだけでえづいてしまうほどだからである。

思えば、幼稚園の頃はとくに納豆を嫌いではなかった。

祖母によれば、母親の妹――コジマさんの叔母も納豆が嫌いだったらしい。

ただ、もともと病弱な人で、祖父母の家に籠《こも》っていることが多く、コジマさんが小学生になる前に亡くなってしまったので、ほとんど顔を覚えていない。

そういえば写真があったはずだ、と祖母にアルバムを見せてもらって驚いた。亡くなったあとに、会ったことがある気がするのだ。それも、とても厭な記憶とともに。

叔母の写真を見るにつれて、自ら蓋をしたように忘れていたその記憶が、どんどんとよみがえってきた。


小学校三年生くらいの頃、コジマさんは祖母の家の畳部屋でごろんと横になっていた。

すると、唐突に耳元で女の声がした。

「それ、いい傷だね」

と不気味なことを言ってくる。

じつは幼稚園に通っていた頃に家が火事になり、小火《ぼや》程度だったが、飼っていた老猫が死んでしまい、コジマさんも肘《ひじ》の裏に傷を負っていたのだ。

起き上がり顔を女に向けると、女はにんまり笑いながら傷を見せてくれないかと言うのだ。

逆らったら何かされそうな気がしたので、見せるだけならと肘を女のほうに向けた。

その瞬間、ひやりとした感覚があった。

長い舌で女に舐められたのだ。

驚いて固まっているあいだに、気づけば女はいなくなっていた。

このときの女が、叔母の顔だったのだ。

この出来事を祖母に話すと急に怖い表情になり、「まだあきらめてなかったのか」と怒りに顔を震わせた。

詳しく聞いたところ、生前の叔母は異常なほどコジマさんに執着しており、病身を押して訪ねてきては、コジマさんに会わせてくれと言うので困っていたそうだ。その執着の異常性に気づいた祖父母と両親は、なるべく叔母と会わせないようにしていたそうだ。

死してもなお、コジマさんを欲しがって出てきたということだろうか。

そういえば、コジマさんが納豆嫌いになったのは、小学校三年生くらいからだ。

最近は「あんたがときどき妹のように見えることがある」と母に言われるようになった。

いまも叔母が待っているように感じられ、コジマさんは帰省に二の足を踏んでいる。

いしゃらさん

稲敷市

稲敷市に住む鬼島さんから伺った話である。

鬼島さんの祖母の命日になると毎年、あるお客さんが訪ねてきていた。

名前はわからないが、二十歳くらいの非常にきれいな人だったという。着物をお召しになっていた。

「すみません、伝令に来ました」

その人は、玄関先から涼やかな声で家の者を呼ぶ。

家族はその人を手厚くもてなすが、普段は「いしゃらさん」と呼ぶ。

いしゃらとは、わけのわからないことを言うやつだ、という侮辱的な意味で使われる方言だ。

鬼島さんはなぜあんな美人を陰で馬鹿にするのか不思議に思っていたが、父いわく「あの人は災いを家に持ち込むから」らしい。

いしゃらさんは鬼島さんの家系では分家筋の人で、家族で近いうちに亡くなる人をなぜか知っており、それを伝えに来る役目だという。何世代も前からずっと来訪が続いていたそうだ。

そういえば、あの人が来たのは自分が六歳くらいだというのだが、じつは何代も前から代を変え、訪れていたというのだ。

ただ、毎年訪れていたのは、毎年誰かが死ぬというわけではない。祖母の命日に来ていたのは、相続に関わる別の理由がある。

なんでも、いしゃらさんを迎える役――本家の当主が代替わりをするとき、特殊な引き継ぎの儀式を行なうらしい。

そのとき、にわかには信じがたいが、親族のなかから誰かが犠牲になるそうだ。犠牲になった人は、その日から五年後に必ず亡くなるのだという。

祖母は、父の相続に際して犠牲になった。いしゃらさんは、その命日にも毎年来るのだ。

いずれ父が亡くなって家を継いだあとは、鬼島さんがいしゃらさんを家に迎い入れる当主になる。その引き継ぎのとき、鬼島さんが親族のうちの誰かを犠牲として選ばなければならないのだ。

なので、いしゃらさんが来たことが親戚中に知れ渡るとたいへんだ。ゴマを擦りに親戚たちが手土産片手に家に押し寄せる。「間違っても自分だけは選ばないでくれ」ということなのだろう。

鬼島さんが家を継げば、いずれ親族の誰かを死なすことになる。

鬼島さんは、そんなことはできない、と家を出て、家族とは完全に縁を切った。

鬼島さんは最近、身体の調子がどうにも悪いと感じている。

医者に行っても身体のどこにも異常はなく、原因は不明だ。

思うに、おそらく引き継いだ人間が鬼島さんを意図的に犠牲者として選んだのだろうという。

もしそうだとすれば、自分にはあと何年残っているのだろうか。

家族もあと何人残っているのだろうか。

しかし、鬼島さんは知っている。

選んだ人間も決して長生きはできないことを。

「私には愛すべき家族などいないんです。家族が家族を犠牲にするような、そんな家に生まれたことを、ひどく後悔しています」

せめて、家族がそう呼んでいたように私も心を捨てて「いしゃらが！」と叫んでみたい気持ちだと、いまさら縁を切ったはずの家族の悲痛な気持ちが皮肉にも理解できてしまうという。

「思い残しやあとくされのないように」と、鬼島さんから直接、私に聞かせてくれた話である。

獣の室《むろ》

茨城県北部

若い頃、バックパッカーをされていたという三十代の箭内《やない》さんから聞いた話である。

場所は明かせないが、山奥に地元民しか泊まらないような民宿がある。

たいへん年季が入っている質素な宿だが、小さいながらも大浴場を備え、夕食に山菜や川魚などを楽しめるそうだ。


この民宿は、本館で営業しているが、隣に使われていない旧館がある。

その旧館の一角に、泊まると決まって奇妙な悪夢を見るという部屋があるらしい。

宿泊客の話によれば、夢のなかで気づくと、隣に寝ていた同伴者や家族の姿がない。敷いていたはずの布団さえも確認できない状態になっているそうだ。夢のなかだからかと思い、あまり気にせずにいると、隣の部屋から急に獣の小さな咆哮《ほうこう》とそのあとに銃声がひとつ。

怖がりつつ襖《ふすま》を開くも、なんの気配もない。

ただ、部屋のなかには獣のにおいが漂《ただよ》っている。鼻をつまむくらいなので、よほど強烈なにおいなのだろうことがわかる。

どうすることもできず立ち尽くしていると、背後から声が聞こえる。

それは一緒に泊まっていた家族の声。

つまり、いまが現実だと確認できる。

ただ、いつから起きていたのかはわからない。その境目が曖昧《あいまい》なのである。

宿泊客は共通してそうした同じ夢を見るというのだ。


そこで従業員が調べてみた結果、ある事実がわかった。

それは、まだ旧館しかなかった頃、よく山に旅館の家族の曾祖父が入ってイノシシやシカを撃《う》ってきては、部屋に保管していたというのだ。そこが、まさに宿泊客が奇妙な夢を見たという部屋だった。当時は客室として使われておらず、曾祖父は保管用の大きな冷蔵庫を置いていたという。

においが漏れないように工夫していたうえ、当時の泊まり客も地元の人間が中心だったので、誰も文句を言うような人はいなかったのだろう。

そんな過去がある部屋だから奇妙な夢を見るのではないかと噂された。

また、この部屋の怪異は獣の咆哮と銃声、においだけに留まらなかった。泊まると次第に体が肉を受けつけなくなるのだという。

以来、次第に従業員でも入る者はいなくなり、開かずの間のような扱いになっていったという。

ただ、先代のオーナーは恐れ知らずな男で、よくその部屋で昼寝していたという。よくそんなことがあった部屋で寝られるものだと周りから変わり者扱いされていた。

先代いわく、「夢は確かに見るが、あくまでも夢だから怖くもなんともない」らしい。

ただ、かなりの肉好きだった先代が、あの部屋に泊まった日から急に肉をまったく食べられなくなってしまったそうだ。

「この話、部屋に案内されてすぐに仲居さんに教えてもらったんです。『あまりお客様に話すことじゃないんですけど……』って言いながら。いま思えば、なぜそんなことをぼくに教えてくれたんでしょうか」

と、箭内さんは首を傾げていた。

城跡と遺書

ひたちなか市

「妹の遺書を探してくれないか」

夜中、栗林さんはそんな友人からの電話で車を出させられた。

どうやら友人の妹が、死ぬつもりで昼間のうちに遺書を多良崎《たらざき》城跡に埋めてきたという。

だが、やっぱりやめたので兄貴の自分が責任を持って取りにいくという約束をしたらしい。

だから付き合えとの無茶ぶりだ。


渋々車を出したが、やはり夜中ともなるとかなり不気味だ。

カーブの多いこの場所は昼間でも薄暗いが、夜はさらに陰鬱である。

鎌倉時代に建てられた、怖い噂が囁かれる城跡らしい。

恐ろしい場所だと知らないまま、友人の妹は城跡へと続く道の雑木林の一角に遺書を埋めたという。

遺書の場所は、埋めた場所に赤いハンカチが置かれていたので、すぐにわかった。
栗林さんは見つけた途端に、「やった！」と声を上げてしまった。
その途端、不意に気づいた。
友人の妹は二年前に亡くなっているはずだと。
手に持った遺書は誰のものかもわからない。
遺書に書かれている名前は、友人の妹のものではなく知らない名前だった。

気がつけば友人ともはぐれてしまっていたので、来た道を戻り電話をかけると、友人はその日、栗林さんに電話などかけていないという。

西洋館

龍ケ崎市

ＪＲ常磐線の龍ケ崎市駅の北東、県道から畑の脇を通る細い農道をずんずんと突き進んだ先に、廃墟のような煉瓦《れんが》づくりの建物がある。明治期に建てられた「竹内農場西洋館」だ。

龍ケ崎市民遺産に指定され、歴史的価値の認められた史跡であるいっぽう、地元では出ることで有名な心霊スポットでもある。

私の同僚で、四十代男性のハナマサさんからこんな面白い話を聞いた。

ハナマサさんは学生時代、当時から心霊スポットとして名の知れていた西洋館に仲間数人で肝試しに向かった。

ひと通り敷地内を回ってみたが、確かに不気味な雰囲気ではあるが、待てど暮らせど何も出ない。

地元の友達の話では、外国人の幽霊が出るとされているが、影も形もない。

業を煮やして煙草を吸うやつもいた。

結局、幽霊の影さえも見えないので、せめて写真だけでも撮って帰ろうということになり、いくつか不気味だと思われる壁や屋根などを撮影して、その日は帰宅した。

後日、廃墟で撮影した写真が現像からあがったので、仲間と写真屋へ取りにいった。するといった撮影した十枚のうち、何枚かに奇妙な写真があったのである。

「これ、心霊写真じゃないか……!」

そこにいる誰もが写真の異様さに言葉をなくしている。

なぜなら、そこに存在しなかったはずのものが写っているのだ。

煉瓦の赤い壁を撮影したはずだが、なぜかそこには網目状になった黒い鉄の門が写り込んでいる。

その門は撮影時、確かに近くにはあった。だが、あった場所はレンズの外側、つまり死角にあったので写るはずはないのだ。

さらにほかの写真も同様に、まるで合成したかのように壁や井戸にまで、黒い門が写り込んでいるのである。

さすがに肝を冷やしたので、写真をお寺に預けようという話になり、一番近い市内のお寺に預けてお焚上《たきあ》げと供養をしてもらった。

夜に行けば不気味な雰囲気が漂い、西洋館という名前から外国人の幽霊の噂がつきまとう場所だが、実際には昼間に行くとむしろ穏やかで、赤煉瓦の建物が、時が止まったようにひっそりと佇んでいるためか、怖さよりも静けさが印象的な場所だ。

いまも肝試し目的で来訪する者があとを絶たないが、ここは保存活動が行なわれている、まさに「遺産」。建物の傷みにつながるので、決して柵の内側に踏み入ったり荒らしたりすることのないようお願いしたい。

五浦海岸・鈴の海

北茨城市

私のSNSのリスナーである、あやめさんから伺った話である。

怪談やオカルトが大好きなあやめさんは、心霊体験を目的に、五浦《いづら》海岸へ頻繁に訪れていた。

五浦海岸とは、北茨城市にある断崖が連なる景勝地である。その景観の美しさから、関東の松島とも称され、明治期に活躍した美術史家・岡倉天心《おかくらてんしん》にも愛された場所であるいっぽう、地元では不気味な心霊スポットとしても知られている。

なんでも、ここの断崖で集団自殺が複数回あり、その怨霊がいまも生者を崖下へ引き摺り込もうとしているという噂が囁かれる恐ろしい場所でもあるらしい。

そうした噂に触発されたあやめさんは、この海岸に心霊スポット探索に訪れていたのだ。地元ということもあってすでに行き慣れた場所であり、いままで十回ほど行っているらしい。

ある日、あやめさんは友人の付き添いで、初めて心霊ではなく、きれいな景色を見る目的で五浦海岸に向かった。

まだ明るいうちに海岸へ着くと、初めて展望台に上った。そのとき、鞄《かばん》につけていたお気に入りの鈴付きのストラップがなくなっていることに気づいた。どこかで気づかないうちに落としてしまったらしい。鈴の音が鳴るから気がつきそうなものだが、あやめさんも気がつかなかった。

その日の夜中、景色だけでは物足りなさを感じたあやめさんは、心霊体験を目的に再び五浦海岸に出かけた。

展望台が入れる状態であるならば、ついでにストラップを探そうという目的もあった。期待していた心霊体験はなかったものの、展望台の近くでストラップを運よく見つけて持ち帰ることができた。

ひと月ほど経ったある日、妙な出来事が起きるようになったという。

あのストラップの鈴がひとりでに鳴るのだ。

激しくリンリンと鳴ることもあれば、一時間に一度のペースで鳴ることもある。調べてみたところ、テーブルの上に置いて固定してみても鳴ることがわかった。

ただ、あやめさんはそうしたいわくのあるものを集めているコレクターなので、じつは不思議な現象には慣れていた。怖いというより、むしろいわくつきのコレクションが増えた喜びと自分の強運を有難がるほどであった。

ただし、それはすぐに間違いだと気づく。

なぜならその頃、あやめさんの身にさらに不可解なことが起こりはじめていたからだ。

泳ぎが達者なのにもかかわらず、プールなどでしょっちゅう溺れるようになったのだ。

毎度というわけではないが、ごくまれに自分の意思とは関係なく潜って、溺れてしまう。

溺れた場所と回数を集計してみると、海で一回、プールで二回、川で一回ほど。

また、風呂場でうとうとして眠りかけたということもある。

(もしかして、この鈴と関係があるのかも……?)

そう疑問に思ったあやめさんだが、コレクターとしての好奇心には勝てず、その鈴が危ないものだとわかっていても手放すことができなかった。むしろ布で丁寧に巻いて家のコレクションケースに保管していたほどだ。

半年後、久しぶりに夜の五浦海岸に出かけた。

その夜はちょうど誰もいない静かな海だった。

明け方まで滞在する予定で、カメラを片手にブラブラしていた。

すると、急にジャケットのポケットから鈴の音がした。

まさか⁉　と思いポケットを探ると、あの鈴が入っていた。

家で大事に保管していたはずの鈴である。明らかにおかしな状況だが、あやめさんは慌てることもなく、むしろ大事なものだから落としてはいけないと鞄の底にしまい直した。

十数分ごとに一回は鞄を振って、鈴があるのを確認しながら歩いていたが、気づけば音がしなくなった。注意していたにもかかわらず落としてしまったのだろうか、鞄のなかを探すと、確かに鈴が消えている。

慌ててUターンしたあやめさんは、探し回ってようやく鈴を見つけることができた。それからは落とさないように手に握って歩いていた。

そして入江沿いを歩いていたとき、鈴を握っている手が、急にグイっと勢いよく入江のほうに引っ張られた。

力の強い男性に摑《つか》まれて引っ張られたと思うくらいの勢いだった。

鈴を落とすまい、と咄嗟に手を思いっきり握っていたが、今度は痛いくらい拳に無理矢理指を突っ込まれる感覚がして、ついには手をこじ開けられてしまった。

鈴は勢いよく飛んで転がり、そのまま入江のほうへ落ちた。

さすがに夜の海岸に入って鈴を探すのは危ないと判断し、あきらめて戻った。手の感覚はすぐに消えてしまったという。

それ以来、鈴が鳴ったり溺れたりといった怪しい出来事はなくなった。

この一連の出来事を、あやめさんが地元のお寺の僧侶に話したところ、

「あなたの趣味はあまりいいものではない。いろいろな場所からよくない気をしょっちゅう持ち帰っていた。あなたは守護霊が強いから害はないけど、本来なら飛び込むのは鈴ではなく、あなただったんですよ！」

と叱られてしまった。僧侶いわく、幽霊のようなものは怖がられて大きくなり力を増すらしい。だが、あやめさんは怖がらなかったため、霊が力を保つことができず弱体化していき、さすがの怨霊、悪霊の類も逃げ出してしまったのだという。

さすがのあやめさんも少し反省したものの、いまも三度の飯より大好きなオカルトの趣味だけはやめられないのだという。

つぶれた鈴

茨城県南部

関西在住の二児の母、浅野さんから聞いた話である。

小学生のとき、遠縁の叔父さんが亡くなった折に、父の実家がある茨城県を初めて訪れた。

着くなり泊まる予定だった父の実家に挨拶に行き、そのまま葬儀会場へ向かった。

葬儀が滞りなく終わり、火葬も済んでお骨上げ（収骨）のときのこと。

箸《はし》でお骨を拾う大人たちのようすを浅野さんは後ろから見ていた。

すると、お骨のなかに鈴がひとつ混ざっているのに気づいた。

黒い鈴で、べこっと真ん中が凹み、無残につぶれている。

浅野さんはその鈴を手にとり、鳴らしてみる。

チリーンと、きれいな音が鳴った。

つぶれているのに不思議だ。あまりに音がきれいすぎると思った。

それを近くにいた親戚の叔母さんに見せると、叔母さんがなにか嫌なものを見たような顔になり眉間《みけん》に皺《しわ》を寄せる。そして――

「なんてものを見せるんだ、この娘は……」

と、なぜか怒られた。


父の実家に戻ったあと、母に鈴のことをそれとなく話してみた。

すると、母も叔母さん同様に嫌な顔をするのだ。

いったいどういうことだろうと思いながら、母を問い詰めると、観念したように母が打ち明けた。

母いわく、この地方には恨みや憎しみを持って死んだ人間は骨に鈴が混ざるのだという。

さらに――

「鈴が鳴ったでしょ。でもね、鳴らないときもあるの。そういう場合はこの世に残した未練があるということなの。私のお母さんが亡くなったときにも鈴が出てきたんだけど、鈴が出てくることさえ稀《まれ》なのに、鈴が鳴らなかったのよ」

浅野さんが「じゃあ、お母さんのお母さんはまだこの世にさまよっているかもね」と言うと、

「そうよ、だってお母さんの命日になると、お母さんが枕元に立って寝ている私を見下ろ

して、あんたは生きてていいねって言われるからね……」

そういえば、お母さんが母親のことを話すことはあまりなく、四月の終わりに毎年、夜中うなされていたのを知っていたのだ。

それがまさか自分の母親が枕元に立つからだとは、子どもに言えなかったのだろう。自身の母親をお祓《はら》いするわけにもいかず、毎年のように出る母親の恨み言を黙って聞いている。それが亡き母親にできる最後の親孝行だと、浅野さんの母親は涙を浮かべつつ語っていたそうだ。

鈴の風習について、私のほうで調べても見つからなかった。おそらく土地に広く伝わる風習ではなく、ある特定の地域もしくは一族単位でしか伝わっていないものかもしれない。

生前の恨みや憎しみが、鈴という形になる。

そんな類似の話があればぜひお聞かせいただきたい。

天狗の遠眼鏡

筑西市

筑西《ちくせい》市在住の四十代男性、為末さんから聞いた話である。

為末さんは中学生の頃、夏休みに同じく筑西市内にあった祖父母の家に遊びに行っていた。

ある日、暇を持て余した為末さんは、農具などをしまう納屋に入った。

納屋のなかを見渡すと、木製の棚の二段目に筒型の望遠鏡があった。

何を見たいわけでもないが、海賊になった気分で、窓の外に向け右目を閉じて左目だけでレンズを覗く。

しかし、真っ暗で何も見えない。

ほかの方向へ向けても同じだ。

レンズが汚れているのかと思い、覗くのをやめて望遠鏡を降ろす。

我が目を疑った。

納屋のなかにいたはずなのに、青竹が生い茂る竹林にいるではないか。

竹の独特な青臭さが鼻をつく。

とりあえず竹林を抜けていくと、入り口に見覚えのある自転車が停まっているのが見えた。あれは間違いなく自分の自転車だ。

車体に名前も書いてある。

知らないあいだに祖父母の家から十五キロほど離れた竹林に来てしまったらしい。

自転車を漕いで祖父母の家に帰ると、夜中までどこに行っていたんだと叱られた。

納屋に入ったのは昼間だったはず。納屋で望遠鏡を覗いたのは夢みたいなものだったのかと自分の記憶を疑ったが、左目に丸い痕《あと》がついていると言われ、夢ではないことに気づいた。

あの望遠鏡はいつの間にか、手からすっぽ抜けたのか、気づいたときにはなかった。

土地柄、狸にでもだまされたんだろうと思ったが、あのままずっと望遠鏡を覗いていたら、もっと遠くに行っていたのかと思うと背筋が寒くなる、と為末さんは言った。

モノクロの虹

土浦市

菜穂さんは十五年ほど前に、千葉から茨城に移住してきた。
当初はよそ者扱いされているように感じていたときもあったが、十年も暮らしていると、もう完全に町へ溶け込んだと感じている。

ドライブ好きな菜穂さんは、マイカーであてもなく走るのが日課だという。
ある雨上がりの朝も、いつものようにドライブを楽しんでいた。
すると、道の向こうに虹がかかっていることに気がついた。
虹を見ると、人はなぜだか嬉しくなる。
ただ、いま見ている虹はいつもの虹ではない。
モノクロなのだ。
目がおかしくなったかなとも思ったが、ほかの建物や空は鮮やかな色に染まっている。
ただ、なぜか虹だけが白黒映画のように色がないのである。

その後も数回、モノクロの虹を見たことがあるのだという。

見るたびに気になって虹のほうに走りだすのだが、途中で見失ってしまう。ただ、近い場所まで来ると、葬儀会場や火葬場にたどり着くか、もしくは誰かの家で葬儀をやっているところへ導かれるように偶然出くわすのだという。

色のない虹はまるで葬儀で用いる白黒の鯨幕《くじらまく》にも見えてしまって、そう思って以来、気持ちが悪いので虹を追いかけることはやめたそうだ。

行列

土浦市

菜穂さんの知人である恵美さんにも体験談を伺った。

ある日、近所の道をあてもなく歩いていたときのこと。

季節は夏だったので、たぶん気持ち的には夕涼みの散歩だったと記憶している。

なんとなく吸い込まれるように、自分の家族の代々のお墓があるお寺に来た。

あみだくじのように両脇に墓石が並んだ区画の一本を迷わず進み、自分たち家族の墓石を目指す。

さして面白い風景でもない、陰気臭い田舎の寺に墓石が立ち並んでいる。

いろんな名前があるものだ。自分と同じ名前を、気づけば探している。

家族の墓石に手を合わせたあと、さらに墓地の奥のほうまで行ってみた。

すると、先ほどまで気がつかなかったが、人がいる。それも大勢。

墓石の周りに不思議な人だかりができているのだ。

まるで人気ラーメン屋の行列のようだ。

最後尾の背の高い中年男性に、

「何かあるんですか？　なんでこんなに並んでるんですか？」と質問を投げかける。すると、

「あー、順番来ればわかると思うよ」と素っ気なく言われた。

列が先へと進み、墓石が見えてきたが、ぎょっとした。

墓石に群がるようにたくさんの人たちが墓石に耳をあてがい、なるほどと頷《うなず》きながら笑っているではないか。

異様な光景であった。

なかには感極まったのか、嬉しそうに泣いている者までいる。まったく狂気じみていると思った。

異様なのはそれだけではなかった。前に並んだ人の脇から覗いた墓石が、まったくののっぺらぼうだったのである。

「○○家の墓」と彫られている表面に何も彫られていない、いわばただの長方形の石がある状態。形は紛《まぎ》れもなく墓石だが、人であれば大事な顔になるはずの「家名」がない。

そして行列は進んでいき、ついに自分の番になった。

不意に墓石から懐かしい声がした。

母親の声だ。

しかし、十年も前に病気で亡くなっている。

耳を墓石にあてがい、母親の声を間近で聴く。

「お母さん……」

泣きながら、確かに聞こえる母親の声を聴いていた。

自分と同じように墓石にたくさんの人たちが群がっていた。


しばらく母の声を聴いていた恵美さんだが、ふと我に返った。

耳を当てているこの墓石は、母の墓石ではない。

なぜなら苔むしてまったく手入れのされていないような風合いで、湯呑みも泥水で満たされている。

では、いったい誰の墓石だろうか。もしかしたら、無縁仏の墓石かもしれない。

そう気づくと次第に母だと思っていた声が、見知らぬ女のものだとわかる。

すかさず耳を離した。

周りにいた人たちがいっせいにこちらを睨《にら》む。

最後尾にいた男がいつの間にかすぐそばにいて、同じように睨むと、

「気づいたらだめだよ……」

と冷たく言い放った。

途端に怖くなり家に走って帰った。

その後、もう一度寺を訪れたが、そんな墓石はいくら探しても見つからなかったという。

筑波山の龍神　　つくば市

つくば市の北端、石岡《いしおか》市と桜川《さくらがわ》市との境界の近くに、茨城の名峰・筑波山がそびえている。男体山《なんたいさん》と女体山《にょたいさん》の二つの峰を持ち、標高八七七メートルとあまり高い山ではないものの、古くから山そのものが神域として崇められてきたため、日本百名山の一座として選定されている。

麓《ふもと》からいくつもの登山道が伸びているほか、ロープウェイやケーブルカーもあり、近隣より多くの行楽客でいつも賑わっている。

そうした県を代表する観光スポットでありながら、じつは不思議な体験をするミステリースポットでもある。

【報告一　雲竜】

山好きの隈井さんが、初日の出を見ようと筑波山に登った。

息を切らしながら中腹までなんとか登り、キャンプ場にたどり着く。

その日はキャンプ場で夜を明かすことにし、夕飯を食べて眠りについた。

まだ暗いうちに起き、再び山を登っていく。

初日の出を見るためには、タイミングを逃してはならない。

ペースを上げて登り、なんとか夜明け前に山頂へたどり着いた。

山頂でしばらく日の出を待つと、徐々に東の空が明るんでくる。

隣の山にかかった雲が、まるでとぐろを巻いているような形をしている。

やがて金色の朝陽に照らされ、闇が晴れていく。

あんなきれいなものを見たのは初めてだと言わんばかりの光景だった。


しばらく日の出に見惚《みと》れていると、遥か向こうの空に何かが見えた。

蛇のような鱗模様のある銀色の細いものが、くるりと旋回しながら、東の空に昇っていくのだ。

まるで――

「僕は龍だと思います」

という隈井さんの言葉に、私も頷きたくなった。

なぜなら、年のはじめに龍を見るとは吉兆の予感がするが、実際に隈井さんの身にはその後、待っていたかのように良いことがあったのだ。

妻と復縁したのである。

それと同時に、しばらく会えていなかった娘ともひとつ屋根の下で暮らせることになった。

「お金なんかよりも、家族が戻ってきてくれたのが何より嬉しい」

そう素直な心境を明かす隈井さんは、いまでも山登りは続けている。

また来年、初日の出を見に山に登る。

もしもまた龍が見えたら、教えてくれる約束である。

【報告二　磯の香り】

長屋さんはその日、友人と筑波山に向かった。

本格的な登山ではなく、トレッキングをしながら景色を楽しむ程度の計画だ。

道中、大きな赤い鳥居を見つけたので、怪我なくいい旅ができるように手を合わせた。

山歩きの途中、雨に降られてしまった。

山の天気は変わりやすく、降り出してもすぐにやむことも多い。雨がやむまで待つことに決め、木陰に腰を降ろし、雨宿りをはじめた。


すると、雨が強く降る場所と、弱く降る場所があるのに気づいた。

不思議な降り方をしている。

不意に、磯の香りがした。

海が間近にあるような、塩気の強い香り。

同時に何かが自分たちの真上にいる気配がした。

ただ、見上げてみても何もない。

よく目を凝らしてみると、雨を避けるように透明な何かがそこにいる。

ちょうど庇《ひさし》のように雨から自分たちをかばうような形で、地上から七、八メートルの高さで微動だにせず、その透明な体で雨を受け止めている。

やがて雨があがり、日差しが差し込んできた。

透明なのに、まるで屋根がそこにあるように日陰になっているのが、とても不思議だった。

長屋さんによれば、あの強い磯の香りから、なぜか長い胴体をもった龍の姿がイメージされたそうだ。

紹介した二篇は、どちらも龍にまつわる体験談である。
筑波山の東側には、男女一対の龍が棲むとされる龍神山《りゅうじんさん》があることを付記しておく。

盗人の山

茨城県北部

「よく怒る人はカルシウムが足りていないって言いますよね？　もし怒っても、カルシウムのサプリメントとかそんなのに頼らずに、地元の山に怒りを預けに行けばいいんです」

怒りを預ける――？

首を傾げる私を横目に、天馬さんは笑顔で話を続ける。

怒りを預けに行く先は、地元の山だそうだ。

さすがに場所までは教えてはくれなかったが、民話のひとつとして山賊伝説がある場所だということだけは聞けた。

「怒りを溜めるだけ溜めたら、山に、いよいよ満を持して、預けに行くんです」

天馬さんの口から続いたのは、じつに不可解極まりない話だった。

怒りを預けにいく山は、なるべく人が立ち入らない山がいい。

その山に入って「ここだ！」という場所を見定めて藪《やぶ》を分け入り、その場所で思う存分怒りをぶちまける自分を想像する。

それだけで怒りは簡単に捨てられるのだという。

なぜわざわざそんなことをする意味があるのか、捨てたからといってなにか得をするのか、いろいろ聞きたいことはあったが、なるほど天馬さんはストレスのなさそうな顔をしている。職場の仲間や奥さんからも笑っているところしか見たことがないというほど怒らない人として有名なのだ。

怒りを預ける、捨てるという説明がわかりづらかっただけで、カラオケのようなたんなるストレス解消法に近いものだろうか。

しかし、話の続きを聞けば、そう単純な話でもないことがわかった。

「デメリットもありまして……。捨て続けると、やがて怒りの感情が完全に消えてしまうんですよ」

そんなことを言いながら天馬さんは、へらへらと頬《ほお》の緩《ゆる》んだ笑い顔を浮かべている。

笑顔であることには違いないが、少し不自然にも思える。強いて言うならば、笑っているのになんの感情もない、冷たいお面に似た、作り物みたいな笑顔だ。

「だから私は、あの山に怒りという感情をすべて置いてきたんです」

天馬さんいわく、足が病気で満足に動かなくなってしまってからは山には行けていないが、できることなら怒りを返してほしい、といまは自分の行ないを反省しているそうだ。

「それと、山の夢も見るようになったんです。いまでもときどき、繰り返し見ます」

山に通い続けて、少しずつ感情が顔から剝《は》がれ落ち、ついには笑うことさえできなくなり、まるで廃人のようになる――そんな夢を見るのだそうだ。

夢を見た翌朝は、決まって棚にしまってある登山靴がまるで何時間も山登りをしていたかのように泥で汚れているのだという。


話を終えて帰ろうとすると、奥さんが玄関で「また汚れてる」と言って、眉間に皺を寄せて嫌な顔を浮かべる。

なるほど、奥さんの言うように登山靴は泥で真っ黒だ。

怒ることのできない男は、相変わらず笑ったまま窓から私に手を振り、また来てくださいねと見送った。

登山家の家

茨城県某所

戸塚さんはあるとき、友人からとある物件を紹介された。

住んでいる家が手狭になったので新しい家を探していたのだが、その友人は戸塚さんにぴったりだと言って、とある二階建ての家を勧めてきた。もとは登山家が建てた家なのだという。

内見に訪れた戸塚さんは、山が一望できる二階の窓からの眺めを気に入った。戸塚さんもまた山好きだったのである。昼間にはお酒を呑みながら山を眺めてもいいし、山容を絵にするのもいい。


すっかり気に入った戸塚さんはさっそく物件を購入した。二階の部屋にはゆったりと座れる椅子を置き、日がな一日、山を眺める日々を送った。

すると、あるときから山が自分に話しかけてくるようになった。

「なあ、登ってこいよ」「山はいいぞ」

声なんて聞こえるはずはない。そうわかってはいるが、なぜか山の声のような気がする。戸塚さんは山に登ってみたい気持ちが高まっていた。

ある日、今日こそ山に登ろうと思った戸塚さんは、準備をしていたときに山の全景を一度も眺めていなかったことにふと気づいた。ずっと窓から眺めているだけで、窓枠に切り取られた姿しか知らない。

登る前にはっきりとこの目で山を見てみようと、家の裏手に回る。

さあ、どんなもんかと山のあるべき場所へ視線をやる。

しかし、そこには山の影も形もなかった。

驚きつつも近所の人に聞いたところ、昔からここいらには山などないというのだ。

だが、ひとつだけ不可解なことがわかる。

この家にかつて住んでいた登山家は、あるとき行方不明になってしまい、もう三十年も見つかっていないらしい。そこで、いつまでもこのままというわけにもいかず、思いきって売りに出したところを戸塚さんの友人が見つけたというのだ。

その登山家は、行方不明になる前、

「山が呼んでいる」と言っていたそうだ。

その登山家がどこに行ったきりなのかはわからないが、もしかしたらあの山に呼ばれて登っていったのではないか。そんなことを考えてしまうという。

二人の男性を呼んでいたものは、本当に山だったのだろうか。

ところで、茨城県にはダイダラボッチの伝説が数多く残っている。『常陸国風土記』にも記述された巨人で、その大きさは山ほどもあるそうだが、彼らが見ていたのはもしかしたら――。

御札の家

つくばみらい市

心霊スポット配信を行なっている知人の篠塚さんから聞いた話である。

心霊現象が起きる家が人知れず林のなかにあるとの噂を聞きつけ、篠塚さんはとある場所へ車で向かっていた。

林の近くの高台に上がると、目の前にトラックが停めてある。邪魔だなと思いながら避けようとすると突然、フロントガラスに何かが飛ぶように向かってきた。

白い煙状のものに見える。

まるでエクトプラズムのようなものかと思ったそうだが、それは車の目の前で消えてしまった。

なおも車を進めた篠塚さんは林のなかに佇む家を見つけた。建屋は、黄色と黒の立入禁止のロープで囲われている。

そのロープに、御札がいくつもぶら下がっていた。

なんのためにそんなことをしているかわからないが、その不気味な雰囲気に気圧《けお》され、入るのを断念した。

帰り際、不意に崖下からお経の声が聞こえた気がした。

さらに高台から坂を下っていくとき、十キロ程度で走っているというのに、車の真下から獣の鳴き声が聞こえた。

猫とも犬ともつかず、どんな動物かはわからないが、明らかに敵意を籠めたような気迫を感じる。

車から降りて確認したものの、異常は見つからなかった。


数年後、篠塚さんは配信のリスナーに促《うなが》され、再び〝御札の家〟へ向かった。

念のため、道中にある神社に立ち寄った。お参りを済ませて車に戻ろうとしたとき、鳥居に何かがぶら下がっていることに気がついた。

最初に鳥居を潜ったときには見落としていたが、どうやらそれは逆さまになった藁《わら》人形のようだ。

お腹の部分に奇妙な文字が書かれている。だが、内容までは読み取れなかった。

篠塚さんは冷水を浴びせられたような心地になりつつも車に戻り、御札の家へ向かった。

しかし、入り口が資材で覆われていて結局入ることはできなかった。

「御札の家は、インターネット上には情報がない心霊スポットなんです。そういうところは本当に危ない場所なのかもしれません」

そう述べる篠塚さんは、いまも心霊現象を求めて各地の心霊スポットを巡りながら配信を続けている。

終わらない葬式の家・青い光

土浦市

土浦市の某所に「終わらない葬式の家」と呼ばれている二階建ての廃墟がある。建物のなかに黒いリボンのかけられた遺影があるという噂が呼び名の由来らしい。「家族が行方不明になった」「一家心中があった」などさまざまな噂があるが、もとはただの金持ちの別荘という話もあり判然としない。有名ユーチューバーも訪れており、近年は広く知られるようになった。

まだこの家が心霊スポットとしてあまり知られていなかったとき、沢村さんも学生の頃に一度だけ、この家を訪れたことがある。

免許を取得したばかりで、ドライブも兼ねて仲間数人で訪れたのだ。

住宅地のなかに突然現れたその家は、周囲とあまりに雰囲気が違く、そこだけがまるで異界のようなかんじだった。侵入防止のバリケードが築かれており、木の板で入り口が塞《ふさ》がれていた。

　このとき、沢村さんの目には、家の周りを青い光が移動しているのが見えた。

　その光が見えているあいだ、周囲が無音になり一切の音が聞こえなくなったという。


　この終わらない葬式の家に関しての体験談は、じつはあまり多くない。

　前述の沢村さんが青い光を見た話が、私が知っている唯一の体験談と言っていい。地元の人でさえ、具体的な体験談は知らないだろう。家自体は広く知られていても、何が起きたかまでは知られていないのだ。


　ちなみに奇妙な後日談を記しておく。

　取材の後日になって沢村さんから、この話はご自身が実際に体験されたものではなく、本当は他人の体験談だという旨の連絡があった。

　なぜ、そのような嘘をついたのか。沢村さんいわく、確かに誰かから聞いたはずなのに、誰に聞いたかまったく思い出せなくなり、それがあまりに怖いので自身の体験談として話した、ということらしい。

　果たして誰の体験なのか。この家には知ってはならないタブーがあるのだろうか。

白いカラスが屋根に止まると人が死ぬ家

茨城県北部

県北部出身の妙さんが子どもの頃、近所に住んでいたお婆さんから聞いた話である。

お婆さんが若い頃、この集落は三百人ほどしか住んでおらず、男性より女性のほうが多かったという。


集落には、ひとつ変わった言い伝えがあった。

——屋根に白いカラスが止まると、その家の家族が死ぬ。

そのためカラスが止まった家では、早々に葬式の準備をはじめていた。

友人の家にもカラスが止まったことがあるが、後日、そこのお婆さんが亡くなった。

ある日、集落の地主の家に白いカラスが止まった。

地主も家族の誰かが死んでしまう、周囲はそう思ったが、いっこうに誰も死なない。

なぜ、あの家では誰も死なずに済むのか。村中からそんな疑念を集め、いつしか恨みに変わってしまっていた。

あらぬ反感を避けるため、地主の家族は「ほかのカラスの亡骸を屋根に吊るしておけばカラスの祟りからは逃れられる。だから自分たちは助かったのだ」と言って集落中を回った。やがて、集落の家々の屋根はカラスの亡骸《なきがら》でいっぱいになった。

この亡骸を吊るす対策が功を奏したのか、ほどなくして白いカラスは姿を見せなくなった。同時に、人死にも収まっていった。

だがその代わり、集落の至るところで黒い影が過ぎるのを見かけるようになった。まるでカラスが飛び去った残像のように思えた。影に気づいていたのはどうやら自分だけで、集落のほかの人には見えていなかったようだ。

「いまでもね、たまに黒い影を見かけることがあるのよ……」

お婆さんの言葉が妙さんの脳裏にいまも焼きついている。

影は吊るされたカラスたちの亡霊なのか――そう思えてならなかった妙さんは、都会でひとり暮らしをはじめるまでおびえる日々を送った。

いまでも妙さんは、実家に帰るのが怖い。カラスの鳴き声を聞くたびに眠れなくなる。

ブラックマンション　笠間市

笠間市には「ブラックマンション」と呼ばれる有名な廃墟がある。もとは九階建てのマンションが計画されていたものの、三階まで工事を進めたところでバブル崩壊にともなう資金難のために工事が中断し、以来建設途中のまま放置され廃墟化した建物だ。

なんの心霊的な逸話もない場所だが、それでも廃墟の雰囲気がそうさせるのか、地元の若者のあいだでは肝試し場所になっている。

長谷川さんは、友人の和田とともに心霊写真を撮影するためにブラックマンションを訪れた。

道路から眺めると、無機質な灰色のコンクリートが冷たい威圧感を与えている。なかに入るわけにはいかないので、仕方なく外からようすを窺《うかが》うに留め、建物の外観だけ撮影してその日は帰った。

後日、長谷川さんは現像した写真を見て驚愕した。

屋上あたりを撮った一枚に、居るはずのない女が写っていたからだ。

屋上に佇む女は、全身がシルエットのように真っ黒く、顔だけが白く浮かび上がっていた。


さらなる心霊写真を期待した二人は、再びブラックマンションを訪れ、内部に初めて足を踏み入れてみた。

廊下や階段、落書きだらけのフロア、鉄筋がところどころに突き出た屋上などを見て回る。全体的に不気味な雰囲気が漂ってはいたが、これといって何も起きない。二人はひと通り回ったあと、外に出た。

マンションから出たとき、しとしとと小雨が降りだした。

長谷川さんは、隣の和田がふと屋上を見上げ誰もいない屋上に向かって手を振ったのを見た。聞けば、写真に写っていた女性が屋上に立って手を振っていたので、和田も振り返したのだという。

そのとき、和田の耳元で「さよなら」と女の艶《つや》っぽい声が聞こえたらしい。

おそらくあのまま落ちるつもりなのだろうと和田は言う。

「もう、何回目なんだろうな……」

最後にそうつぶやいた。

自殺した人は死の瞬間を繰り返すともいわれるが、ここで飛び降り自殺があったという話は聞いたことがない。

では、あの女は何者なのだろうか。

この一件以来、長谷川さんはあのマンションには近づいていない。

ただ、和田だけはまだ廃墟巡りを続けているらしい。

廃墟に行くと必ずその女がいて自殺を繰り返しているのだという。

いつしかその女の死に際を見るのが和田の廃墟巡りの目的になっていた。

和田はいまでもたまに、ＳＮＳでその模様を実況してくれる。

長谷川さんはそろそろ距離を置こうか迷っている。

ホワイトハウス・引いてゆく

ひたちなか市

「うちの祖母は、目も完全に見えず、耳も聴こえなかった。ただ、半ば祖母はそれを受け入れているようだった」

そう話すのは寒川さんという四十代の知人男性である。なんの話の流れだったか、自身の祖母についてそう口走ったので、どういうことですかとつい、いつもの癖で訊いてしまった。

すると、寒川さんは「聞いてもあんまり気分のいい話じゃないけど……」と言いつつ、ぽつりぽつりと、祖母の話を教えてくれた。

十代の頃、寒川さんは「ホワイトハウス」に行った。

ホワイトハウスとは、ひたちなか市にある廃墟の通称だ。新潟県や千葉県にも同じ呼ばれ方の廃墟があり、茨城のも含めてどれも全国的に知られた心霊スポットとなっている。「二階の窓ぎわにひっそりと佇む幼い少女の幽霊が出る」「かつて猟奇事件があった」などという噂もあるが、真偽のほどは不明だ。

寒川さんはそこに、仲間数人と肝試し目的で訪れたのである。

川沿いの田園地帯に建つ建物は、草にびっしりと覆われて、かなりインパクトのある見た目をしていた。住宅街からそれほど離れていないにもかかわらず、その場所だけが独特の雰囲気を醸《かも》し出している。

部屋に入ると、無惨に荒れ果てておりいろんなものが散乱していた。家人が弾いていたであろう大きなピアノもあった。

それほど広くはなかったが、かつては裕福な暮らしぶりだったのだろうか。

ほかにも散策してみたが、とくに面白いものはなかった。ひとつを除いて――

確か、仲間のひとりがそれを見つけたと記憶している。

散策しているうち、小さな仏壇が落ちていたのだ。建物の雰囲気には不釣り合いなため、ここに来た誰かが不法投棄していったのだろうか。なかには誰のかわからないが、位牌も入ったままである。

寒川さんはほんのいたずら心で、位牌を手に取り、壁に向かって投げつけた。

勢いよく当たった位牌は、無残にも真っ二つに割れてしまった。

位牌の残骸を見ているうち、じわじわと恐ろしくなり、そのままにして家まで逃げ帰ってきた。

その後もずっと寒川さんの胸には、肝試しの日のことが引っかかって消えなかった。誰のものかもわからない位牌とはいえ、たいへんに罰当たりなことをしてしまったのではないか。そんな罪悪感が寒川さんを苛んだ。

鬱々とした日々を送っていたある日のこと、奇妙な出来事があった。

「おかしいね。今日は雨でも降りそうな天気だね」

祖母である勝江さんが、そう言って窓を閉めようとしている。

しかし、寒川さんの目に映るのはこれ以上ないくらいの晴天。

「おばあちゃん、今日は晴れてるから開けたまんまでいいよ」

そう言って寒川さんが半分ほど閉めかかった窓を全開にする。

勝江さんは何度も首を捻《ひね》りながら、

「おかしなこともあるもんだね。あたしの目にゃあ、あんなに曇って見えるんだけどねぇ……」

納得がいかないようすのまま、窓の前を行ったり来たりしていた。

それから勝江さんの目はみるみるうちに悪くなった。そして、秋口になると完全に視力がなくなってしまった。

楽しみにしていた紅葉も今年は見に行けないね、と家族は残念がったという。

さらにその翌年には、ついに耳までもだんだんと聴こえなくなっていき、少しずつ体調を崩しはじめた。しまいにはすっかり弱り果てて、食事以外は布団で伏せるようになってしまった。

そんな祖母を見て寒川さんは、俺のせいだ、俺が位牌を壊したからだ、とあの肝試し日の蛮行と結びつけ、自分をさらに責めた。

しかし、後悔したからといって何かができるはずもない。それに祖母や家族に位牌の件を明かすわけにもいかない。廃墟に入って悪さをしたことを叱られるに決まっている。

黙ったままでいることを選択したが、日に日に悪くなる祖母の容態をせめて毎日見ようと思い、祖母の寝ている部屋に頻繁に行っては、具合はどうだ、何か食いたいものはないか、などと甲斐甲斐しく世話をした。

しかし、勝江さんの体調は戻らず、ついには話すことさえままならない状態となった。

寒川さんは、もう今年いっぱいかもしれないと思った。


その悪い予感が的中した。

十月の末、祖母は他界した。

享年七十九歳だった。

葬儀が執り行なわれ、勝江さんのご遺体は火葬場にて焼かれた。

のちに母親から聞かされた話によれば、亡くなる一週間前から、祖母はたまに布団から起き上がり、何かを枕元に置いてそれに向かって、

「ありがとうございます。これで極楽に行けます」

と何度も礼を述べながら、お辞儀をしていたという。

その何かというのが、どうやら真っ二つに折れた位牌らしい。

折れた位牌と聞いて、思わずギョッとした。

あの位牌がやはり罰を当てていただろうのか。

しかし、あの廃墟で見つけたものとは限らない。もしそうだったとしても、祖母の死の原因であることが知れたら、勘当《かんどう》はまぬがれないかもしれない。

咄嗟にそう思った寒川さんは、相変わらず家族へ打ち明けることができなかった。

そして奇妙なことに、祖母の死後、寒川さんの家では何年かに一度、葬儀を執り行なうようになった。

その葬儀の対象は、「勝江さん」。つまり、祖母の葬儀を何度も行なうようになったという。もちろん、一周忌や三回忌、七回忌などの法事ではなく、死んだ人間を送りだす「葬儀」である。

にわかには信じられないが、なんのために家族はすでに亡くなっている人間の葬儀をするのだろうか。

そして、葬儀が行なわれるときには祖母の遺影のそばに、あの真っ二つに折れた位牌が折れたままの形で置いてあるのだ。

やはりあの位牌なのだろうか。

そもそもなぜ、何度も執り行なわれる不可解なものとはいえ、祖母の葬儀にもかかわらず別人の位牌が置かれているのか。

もしかしたらこの一連の葬儀は、じつは祖母のためではなく、あの位牌に祀《まつ》られた人物のためのものなのではないだろうか。

寒川さんは、ホワイトハウスでその誰かと縁を結んでしまったのかもしれない。

勝江さんは視力をなくし聴力をなくし、ひとつひとつ生きる力を何かに根こそぎ奪われ死に向かっていったように思える。

まるで命を少しずつ引いていくように……。

いまのところ寒川さんにはなんの罰も下ってはいないが、祖母への後悔と罪悪感で一生消えない心の傷を負うことになった。

もしかすると、それが自分への罰なのかもしれない、と寒川さんは言う。

今年もまた、数十回目の葬儀が行なわれるという。祖母――というより、あの位牌の持ち主の葬儀が。

「参加しませんか?」との誘いに、つい乗せられそうになったが、遠慮しておきますと丁重にお断りをした。

墓場まで持って行こうと決めていた話だったが、誰かに伝えることで少しでも身を軽くしたい、と寒川さんは懺悔《ざんげ》するように話してくれた。

けんちんうどんの怪

北茨城市

「ぼくの家はね、けんちんうどんつくるときは蕪《かぶ》を入れるんですよ」

茨城県の郷土料理のひとつに、けんちん汁がある。大根やごぼう、里芋などの根菜類がよく採れる風土を象徴している料理だ。ときには汁にそばをつけて食べる「つけけんちん」や、うどんと煮込む「けんちんうどん」にもなる。

冒頭のひと言は、北茨城市にお住まいの縣《あがた》さんの言葉である。同じ地方に住みながら、やはり家ごとに料理の材料も違うのだなと思った。

縣さんの祖母が若い頃、けんちんうどんをつくろうと、鍋を囲炉裏《いろり》の火にかけた。コトコト煮ているうち、いつの間にか眠ってしまったようだ。ふと目を覚ますと、湯気が立っている。

頃合いだと蓋《ふた》をとるが、中身は空っぽ。

これはどうしたことだと慌てていると、畳に泥の足跡がついているのに気づいた。草鞋《わらじ》か草履《ぞうり》のような履き物の足跡だ。どうやらこの足跡の主がうどんを盗み食いした犯人のようだ。煮えたぎる鍋を瞬時に平らげるなど、おおよそ人間業とは思えない。

足跡は、母屋から出て、近くの竹藪に続いている。

竹藪の前には吐瀉物があった。

よく見れば、扇状に切った蕪ばかりが吐き戻されていた。

盗み食いした者がいったいなんなのかわからないが、そいつは蕪が嫌いなんだな、と縣さんの祖母は思ったそうだ。

タカハシ

利根町近辺

「なあ、お前のカーナビおかしいぞ」

佐々部さんは、塚本という友人に車を貸していた。

夕方、塚本は返しにきたが、借りた側のくせに文句を言ってくる。

「カーナビに目的地設定してんのに、何回やっても妙な墓に案内されるんだ」

墓に着くと、カーナビから「目的地です」と電子音声が流れる。

そこは墓なのだが、不思議なことがあるのだという。

墓石のすべてが、「高橋」という名字なのだ。

高橋という名字はそれほど珍しくはないが、案内されたそこはお寺のなかにある墓地で、高橋家だけの墓ではない。

そのお寺もやけに屋根がボロボロだ。もうずっと使われていない廃寺なのかもしれない。

周囲を見てみると、寺の隣にある家の表札も高橋だった。

うすら寒い心地がしてもう帰ろうと車を走らせた。すると、その一帯に立ち並ぶ家の名字までも、確認できうるすべての表札が高橋だったことに気づいた。
目につくところは隈なく確認した。
どこもかしこも高橋。
高橋。
高橋。
高橋。
高橋。
すべて高橋……。
恐怖に慄《おのの》きながらすっ飛ぶ勢いで帰ってきたという。
「もう二度と借りねえ」
塚本はそう吐き捨てるように言った。
塚本はその後、高橋という名字の女性と結婚した。
結婚するとすぐに連絡が途絶えた。
しかし一年前、一本の電話があった。
「たすけてくれ」

たったひと言、塚本の切羽詰まったような声が入っていた。

それからは塚本からの連絡はなく、いまはどこでどうしているのかわからない。

ちなみに、茨城県内の名字ランキングにおいて、高橋は五位にランクインしている。

雑誌

辻さんが旅行雑誌をめくると、ちょうど茨城県某所のページだった。
「ここに行かないか?」
そう声をかける。
そこで気づいた。
先ほどまで隣にいた妻がいない。
もうひとつ、気づいたことがある。
妻は十年前に亡くなったので、いるはずはない。
自分は、先ほど隣にいた妻だと思っていた人物の顔を思い出す。
目も鼻もない真っ黒な顔だった。

後光

牛久市

私の学生時代の友人に伊藤（仮名）という男がいた。

彼は大仏好きという、一風変わった渋い趣味を持っていた。

とくに地元ということもあり、牛久大仏によく行っては大仏のご尊顔を眺めるのが何よりの至福だったという。

また、暇さえあれば大仏を撮影するために全国各地に赴いていた。


そんな彼がある日、大好きな大仏の趣味を辞めるという。

よっぽどのことがあったのかと聞くと、彼は真顔で、

「浮気はよくないよなあ……」

そんな意味のわからないことを言った。

詳しく聞くと、全国さまざまな大仏の写真を集めた結果、「大仏が好きすぎて、自身が神に近い存在になっており、このままではまずい」のだという。

さらに意味不明だが、神に近いとはどういうことなのか説明してくれと言うと、彼は各地の大仏の写真を見せながら、

「ほら、後光が差しているように見えるだろ。俺にも同じ後光が差しているんだよ。ただな、黒いんだ……」

黒い後光など聞いたことがない。訝しみつつ写真を見たものの、私には後光のようなものは認識できず、普通の写真に見えた。伊藤のことがますますわからなくなって、何も言えなかった。

一週間後、伊藤は体調を崩して仕事を辞めた。

別の友人の話では、家にたまに伊藤から大仏の写真が送られてくるそうだ。

同封された手紙によれば、いまも全国を飛び回り、大仏の全国制覇を目指しているという。

ただ、どの友人もそれはやめたほうがいいと言う。

なぜなら、送られてくる写真は真っ黒に焼けているからだ。

彼は、何に魅入られているのだろうか。

それは決して、大仏ではないのは間違いない。

いがっぺいがっぺ

鉾田市

志茂田さんには、いがっぺが口癖の父方の祖母がいる。
いがっぺとは、茨城弁で「いいだろう」という意味だ。
ある夜、隣室にいる祖母がずっと「いがっぺ、いがっぺ」と繰り返している。
寝言にしてはあまりにもうるさいので、
「静かに！」
と祖母がいるはずの襖を開けかける。
開ける前に気づいた。
祖母は今日から入院しているはずなので、家にはいない。
しかし、相変わらず祖母の部屋からは声が聞こえている。
「いがっぺ……いがっぺ……」
志茂田さんはおびえるばかりで、声がやむまで開ける勇気はなかったという。
いざ開けても当然、部屋には猫一匹居ないのである。

社員寮のまゆこさん

常総市

　いまから三十年ほど前のことである。

　当時新卒だった廣田《ひろた》さんが、会社の新人研修のため一時的に常総市で寮住まいをすることになった。

　二階のひと部屋をあてがわれた廣田さんは、先輩の片桐という男の手を借りて荷物を寮に運んだ。すべてを部屋へ運び入れたときには、六時間も経っていた。

　寮を改めて見ると、かなり築年数が経っているようだ。聞けば、昭和の時代からある建物にもかかわらず、頑丈で地震なんかにもめっぽう強いらしい。

　先輩は「軽く一杯やろう」と言って、ビールを買いに出た。

　運び入れた荷物を整理していると、先ほど出かけた先輩から電話がかかってきた。買い出しのことかなと思いつつ出れば、妙なことを言う。

「言い忘れてたことがあったんだけど、ここな、おばけが出るんだ」

新人を怖がらせてからかっているだろう。座敷童子が出ても違和感はないほど古臭い部屋ではあるが。

しかし、脅かすにしてももう少しまともなことは言えないのか、そう先輩を小馬鹿にしながら片付けを進めていると、その刹那――

部屋の空気が一変した。

キーンと強烈な耳鳴りがして急に張り詰めた雰囲気になる。

「あなた、私の部屋で何をやってるの？」

急に窓際から話しかけられた。

咄嗟に窓を見れば、擦りガラスの向こうに何かがあるのがわかった。

闇に佇んでいる影がひとつ。

窓の外には足場になるものは何もないはず。

ぴたり、とガラスに女の顔が張りついた。

野良犬のように薄汚れた女だった。

もとの色がわからないほどに薄汚れた服をまとい、顔の表面は皮脂でべっとりとしており、窓の外にいるのに獣のようなにおいが漂ってきそうだ。

女は瞬《まばた》きひとつすることなく、鋭い眼光で廣田さんのことをじろりと睨みつけていたが、すぐに闇に溶けて見えなくなった。

「なあ、どうした？　変な顔をして」

しばらく呆気にとられていたが、先輩が買い出しから戻って我に返る。

「そ、その……変な女が窓の外に……」

先ほどの出来事を話した。すると、深いため息をひとつ吐《つ》いてつぶやいた。

「まゆこさん、見えちまったのか……。おまえ、残念だけど会社辞めたほうがいいよ」

会社を辞める……？　あまりのことに思考がついていけなくなった廣田さんに先輩は教えてくれた。

まゆこさんとは、昔いた社員で、会計係をしていた女性らしい。どこかで亡くなったのか、どのようないきさつがあってあのような姿になったか定かではないが、いつの間にか寮に姿を現すようになったそうだ。

そしてまゆこさんに嫌われた社員は、決まって会社に損害を与えたり、トラブルを持ち込んだりするようになるらしい。過去にそうした例が重なったため、いまではまゆこさんに嫌われた社員はすぐに辞めてもらっているのだという。

「しばらく見える社員は来てなかったんだけどな、おまえとは仲良くできそうもない。次の職、探したほうがいいぞ」

先輩はそう吐き捨てるように言うと、買ってきたビールもほとんど飲まずにそそくさと出ていった。

翌日、研修センターへ行った廣田さんは昨晩の出来事が現実だといやがうえにも思い知らされた。

社員たちが、誰も自分と口を訊いてくれないのである。

おまえとは仲良くできそうもない——昨晩の先輩の言葉が脳裏を過ぎる。

当然、手持ち無沙汰になったが、誰もなんの指示も与えてもらえない。

そんな日々が何日も続いて、精神的に辛くなって辞めるほかなかった。

研修期間とはいえ形式的に辞表を出したところ、社員たちはその日だけは笑顔で自分を見送ってくれた。

その後、廣田さんがいた会社は突然に倒産した。

廣田さんがいた頃は上り調子で成長を続けていたが、ある年を境に業績が傾いたと思ったら、一年足らずのうちに倒産したらしい。

「もしかしたら、まゆこさんの噂は本当だったのかもしれませんね。彼女と関わりを持ったけど、それを隠して働き続けた人がいて、なんらかの大損害があったのかもしれません。いまとなっては、あんな会社、どうでもいいんですけどね」

別の企業に再就職した廣田さんはそう言って笑った。

小豆洗いの怪

日立市

小豆洗いという妖怪がいる。

大分や長野など全国に広く伝承がある怪異であるが、基本的なスタイルとしては夕暮れの河原に出没し、小豆を洗う音で人を驚かす老人のような見た目をした妖怪である。

十年ほど前の夏、香さんという女性が家族でバーベキューをしていたときの話。

両親と祖母、それに弟と自分の五人で鉄板の上で肉を焼きながら、楽しい団欒《だんらん》の時間を過ごしていると、
じゃらじゃら……ざんざん……じゃり。

と、米を研ぐような、ざらついた音が家のなかから聞こえてきた。

なんだろうと思うが、音の正体はわからない。

お決まりの「小豆とごうか、人とって食おうか……」なんていう声はさすがに聞こえなかったものの、それから不思議なことが起きるようになった。

母親の服から、小豆が見つかるようになったのだ。

服に袖を通すとき、小豆がひと粒ぽろりと出てくる。

もちろん小豆など拾ってきた覚えはないし、大福などの和菓子も食べた覚えはない。

それを祖母に話すと、

「よかったねえ、いいことあるよ」

そう祖母はにこにこと笑うのだ。


祖母の話によれば、小豆が服から出てくるのは「吉報」の兆しなのだという。

いまもたまに衣服からは小豆が出てくる。

ただし、祖母の言う吉報には心当たりがないが、母はいままで服から出てきた小豆を残しているので、それらはいつか娘の自分の花嫁衣装に忍ばせるつもりだという。

娘の幸せを願う母の顔はとても晴れやかだった。

そんな香さんも、来月結婚をするという。香さんは、

「小豆がくれた幸せがあるのなら、いまのこんな気持ちですかね」と優しく顔を綻ばせた。

弓引き、雨待つ奇祭

龍ケ崎市

茨城県には「撞舞《つくまい》」という雨乞いの祭りの一貫として行なわれる神事がある。蛙の装束に身を包んだ舞男《まいおとこ》という軽業師の若者が高いポールのようなものをするすると上り、逆立ちなどのさまざまな曲芸をするのだが、一番の目玉はなんと言っても、てっぺんで矢を放つ弓引きだ。

東西南北の四方に向かって弓を引き、最後に天をめがけて矢を放つ。

その矢を拾えば一年を健康に過ごすことができ、また幸福が訪れるなど、災いから守ってくれるのだという。

この撞舞で起きた、いくつかの不思議な出来事をご報告したい。

【報告一　光る矢】

現在、六十代の貞村さんは毎年、撞舞の矢を拾うことがとても楽しみなのだという。

というのも、子どもの頃に舞男の引く弓が一瞬、黄金色に光って見えたのだという。

時刻は夕方、暮れかけた夏の空に、金色の矢が弧を描いて飛んでいくのが見えた。

拾ったのはひとり住まいの掛川というおばあちゃん。

夕涼みをしていたら、たまたま庭に落ちていたらしい。

しかし、不思議なことがある。

弓矢の飛距離では、掛川さんの家はあまりに離れすぎているのだ。


ちなみに、掛川さんはとくにその一年を幸せとは感じなかったそうだ。

【報告二　親切なおじさん】

私の同級生に、長谷川という男友達がいた。

彼が小学生の頃、撞舞を見に来ていたら、親とはぐれてしまった。

泣きながら歩いていると、四十代くらいのおじさんが、

「坊や、大丈夫かい？」

と言いながら心配してくれた。

事情を説明すると、母親のところに連れていってあげるという。

おじさんにそのまま手を引かれた先で、母親が自分を探していた。

泣きじゃくる自分に母親が、

「どこいってたの？　心配したよ」

と言うので、おじさんが連れてきてくれたのだと言おうとするが、そこにはもうおじさんの姿はなかった。

「どんなおじさんだったの？」と母親が問うので、こんな顔だと特徴を言うと、母親が泣きながら、

「それは亡くなったパパだよ」と小さな長谷川を涙ながらに抱きしめた。

じつは、長谷川は赤ちゃんの頃に父親が亡くなっていたのである。

だから父親の顔を知らなかったのだ。

あのときの顔も知らないはずの父の手のぬくもりは、いまでも忘れられないのだという。

黒獅子

龍ケ崎市

茨城県の一部の地域では夏になると、家内安全と一年健康でいられるようにという願いを込め、町の若い男たちが獅子舞の扮装をして家々を廻る行事がある。

えっさほいさっえっさほいさっという威勢のいい掛け声を出しながら、御輿《みこし》を担ぐように大きな獅子舞の頭を抱え、いきなり夕方に訪ねてくる。

子どもの頃などはそれが怖くてたまらなかった。

何せ大きな獅子舞の真っ赤な顔へ、額がつくくらい近くまで自分の顔を持っていかれ、カンカンと獅子舞が金色の歯をむき出しにして鳴らすのだ。

「頭噛んでもらいなさい」と母親が言ってきたが、私はそれが泣くほど怖かったことを覚えている。

龍ケ崎市にお住まいの白井さんも獅子舞が怖いそうだ。

しかし、私とは違う理由らしい。

白井さんが子どもの頃、学校から帰宅して宿題をしていた折、今日は獅子舞が来る日だと思い出した。その途端――

「カン！」

という乾いた音が玄関から聞こえた。

薄暗い玄関。

誰かが所在なさげに立っている。

目を凝らすとそれは、見たことのあるものだった。

唐草模様の風呂敷をまとった獅子舞だ。

だが、獅子舞が来るには早すぎるし、勝手にあがっているのも変だ。

それに、いつもなら獅子舞を支える男たちが四人ほどいるはずなのに、玄関にいるのはひとりだけ。

さらに、いつもの赤い顔の獅子舞ではない。墨を塗ったように真っ黒なのだ。顔だけでなく、風呂敷から出ている二本の足も真っ黒だった。

いつもなら可愛げのある獅子舞の顔が、なぜかとても恐ろしいものに思えた。

じっと見ていると、白井さんは獅子舞がその大きな口で見覚えのあるものを咥えていることに気づいた。

母の浴衣《ゆかた》である。

夏祭りにはいつも着ていくほど大事にしているものだ。

それを乱暴に口に咥え、浴衣の袖がだらしなくでろんと口の端から飛び出している。

白井さんは恐怖のあまり動くこともできず、呼吸だけを絶やさずにしていた。

どれくらいそうしていたかはわからない。

気づくと獅子舞は影も形もなくなっていたそうだ。

そのあと、いつもの赤い獅子舞は来た。


あの黒い獅子舞が咥えていた着物を、母はその夏を最後に着なくなった。

理由を訪ねると、「着たいと思わなくなった」と言っていた。

赤い獅子舞が家に幸せをもたらす一方、黒い顔の獅子舞は家に何をもたらすのだろうか。

七日さらしの怪

茨城県南西部

茨城には、「七日さらし」という風習がある。

亡くなった人が身につけていた着物、あるいは大事にしていた衣服を、文字どおり七日間、洗濯物を干すように陽の下にさらす。お清めの意味から、着物は常に濡らしておかねばならず、また北向きに配置しなければならないという決まりがある。

地域によって細かな違いがあるようだが、おおむね似た風習を実際に行なっていたという四十代の女性、陣内さんから伺った幼い頃の話である。


春の終わり頃、陣内さんの祖母が亡くなった。

七日さらしをするため、庭にシャワー室程度の大きさの壁のない小屋を設え、そこに祖母の藍色の着物を干した。

乾くたびに母親が冷水で洗うように濡らしていたのをなんとなく覚えている。

陣内さんは祖母を思い出すために時折、暇があると見に行っていた。

六日目のある夕方、干してある着物のそばに誰かが立っているのに気づいた。
人ではない、と直感でわかった。
なぜならその人は、上から下まで真っ黒だったからだ。
その正体はわからないが、祖母でないことだけは、はっきりとわかったという。

放生の怪

茨城県北部

茨城には七日さらしのほかに「放生《ほうじょう》」という風習もある。出棺時にあらかじめ捕まえておいた鳥や獣を放す風習で、目的は諸説あるが、命を殺めるのではなく命あるものを逆に野に返して助けることで、故人に代わって功徳《くどく》を積むのだそうだ。

県内に住む六十代の男性、河原崎さんの家では、祖父母の出棺時に放生を行なった。鳥の群れを空へいっせいに放つ姿は圧巻だったそうだ。

このとき河原崎さんは、鳥の群れを追うようにぴゅんと飛び立つ何かの姿を見た。

その日は晴れやかな青空だったので飛んでいるものがよく見えるはずにもかかわらず、なぜかその姿は判然としない。

ただ、それはわずかに光って見えて、とてもきれいなものに思えたという。

のちに河原崎さんは、それがいくつもの白い「ヒトガタ」なのではないかと思ったそうだ。というのも、子どものときから河原崎さんは、紙製のヒトガタがよく神棚に置いてあるのを見ており、放生のときに飛んだものもそれに似ていた気がしたからだ。

だが出棺時、ヒトガタを鳥と一緒に飛ばしたり、別の場所で宙に舞うほど激しく燃やしたりなどはしていなかったという。

河原崎さんが目撃したのは、放生という儀式に人知れず隠された「呪術」の片鱗なのかもしれない。

知らない言葉を知っている子どもの話

土浦市

本書のために茨城県内の怪談を収集しているが、茨城の特色が濃い「ザ・茨城怪談」ともいうべき話はじつは珍しい。

しかし、怪談の土壌はいくつもあるはずだと集め続けるうち、そうした珍しい体験談と出遭うこともある。


土浦市在住の専業主婦、中原さんから聞いた話である。

中原さんには幼稚園に通う次男がいる。

幼稚園バスで家に帰ってきた次男に手洗いうがいをするように促すと、次男が洗面台の鏡に向かって何かをつぶやいている。誰かと話しているというよりひとり言のような感じで、淡々と何事かを言っている。

頻繁につぶやくので、なんとなくメモをとってみた。

その一部をご紹介すると、

「いとうさん、ひらつかさん、つかはらさん、みつくにさん……」

と、人の名前をしきりにつぶやいているのである。


いったい誰の名前なのか、調べているうちにある有名人に思い当たったという。

まず「いとうさん」は現在の日立市で生まれた、新選組の伊東甲子太郎《いとうかしたろう》ではないか。

「ひらつかさん」は、土浦出身の有名刑事・平塚八兵衛《ひらつかはちべえ》。

「つかはらさん」は、鹿島出身の剣豪・塚原卜伝《つかはらぼくでん》。

そして「みつくにさん」は、水戸黄門で知られる水戸光圀《みとみつくに》公ではないだろうか。

それぞれ、場所や年代は違うが、四人とも茨城にゆかりのある人物だ。


なぜ幼稚園児が郷土の人物を知っていたのか。中原さんはそのような本やテレビ番組などに触れさせてなどいない。

次男に聞いてみたところ、つぶやいていたことすら覚えていないようすだったので、真相は不明だ。

鬼怒川砂丘慰霊塔・懺悔

常総市

三十年前、川栄さんは十五年ぶりに茨城の実家に帰った。

それまで親とはまったく音信不通でだいぶ心配をかけたが、この歳になりようやく親孝行できるかなと思った。

しかし、帰って早々に近所の人から、親が死んでいる事実を知らされた。

自分は親の死に目にも会えなかったわけである。

しかし、残された家を手放すわけにはいかず、しばらく住むことにした。

実家でひとり暮らしをはじめてすぐの頃、近所にある「鬼怒川《きぬがわ》砂丘慰霊塔」に行ってみた。

第二次世界大戦におけるビルマ戦線で亡くなった方の供養のため、一九八九年に地元の方によって、ビルマ様式の仏舎利塔《パゴタ》を模して建てられた慰霊塔だ。

若い頃にこの場所をよく訪れていた川栄さんは、久しぶりに行ってみたくなり、夜にもかかわらず向かったのだ。

慰霊塔に向かう石段を上り、塔に手を合わせる。

すると、なぜか泣きたくなってしまう。

「好き勝手に生きてきて、とうとうひとりぼっちになってしまった……」

自分には信心深さも、亡くなった兵士の方々にも特別な思い入れもなく、たまたま実家の近くに慰霊塔があっただけである。しかし、なぜかこの場所に来ると感情が溢《あふ》れ出る。

思い返せば、若い頃から思いつめることがあるたびに慰霊塔へやって来て、誰かに話を聞いてもらっていた覚えがある。

しかし、誰かはよく思い出せない。いくら考えてみても、霧がかかったように朧《おぼろ》げな記憶しかなかった。


慰霊碑をあとにして家に戻ると、隣の叔父さんが来ていた。

家がやけにきれいだと思っていたが、たまに来ては掃除をしてくれていたらしい。

隣の叔父さんに、せっかく帰ってきたのだからと晩酌に付き合わされる。

飲みはじめてしばらく経った頃、酔った叔父さんが妙なことをつぶやいた。

「お前がまだこの茨城に住んでたとき、よく慰霊塔に行ってたな。そんでな、いつも誰かを連れて帰ってきてたな」

聞けば、毎回違う人と帰ってきていたらしい。

「町じゃ見かけない人でなあ……。連れて帰ってきてたっていうよりか、どっちかっていうと、その人たちがお前のあとをついてきてたんだよな」

叔父にはそう見えていたそうだ。

さらに叔父が言うには、ついてきていたのは真っ黒い影だったらしい。

仮に幽霊だったとしても、兵士や戦死者のような雰囲気ではなかったそうだ。

昔、慰霊塔で話を聞いてもらっていた〝誰か〟は、兵隊ではない別の不吉な存在だった、ということだろうか。

「そのあとにお前は茨城を出て行っちまった。……で、お袋さんと親父さんが亡くなったんだよな」

遊びまわっていて親の死にも気づかなかった――それが悔やまれて仕方ない。


川栄さんが後悔していることがもうひとつある。

じつは地元にいた頃、川栄さんは心霊スポット巡りをしていたのだ。慰霊塔のときのように、どこかへ行くたびに何かを家に連れてきてしまっていたのだとしたら……。

残された親がなんらかの災いを受けてしまっていたのだとしたら……。

結局、慰霊塔からついてきていた黒い影の正体も、それらが両親の死の原因かもわからないが、いまでも川栄さんは、過去の軽率な行動を悔やんでいる。

「親を死なせるなんて、どうしようもない親不孝者ですよ」

そう、俯《うつむ》きながら川栄さんは言った。

大洗海岸・別れの海

大洗町

太平洋に面した大洗海岸は、夏には大勢の海水浴客で賑わういっぽう、幽霊話もつきまとう場所だ。

川島さんが海を眺めながら大洗海岸を歩いていると、浜辺をひとりで歩いている女性を見かけた。

なんとなく気になり話しかけてみたところ、彼女は恋人と別れたばかりだという。

「一緒に歩きませんか?」と誘った川島さんは、日が暮れるまで名前も知らない女性と海岸を歩いた。

こんな時間もいいなと思いながら歩いているうち、いつの間にかひとりで喋っていることに気づいた。

振り返ると、彼女はいなくなっている。

あたりには少し甘いにおいが香っていた。

押し寄せる波が引いていく。
もう夕闇が迫っている。
川島さんはときどき、そんな記憶が思い出される。
またもう一度会える気がするから、歳を重ねたいまも海岸に来るのだという。

蚕の怪　つくば市

尋田《ただ》さんという三十代の会社員の女性が、つくば市にある蚕影《こかげ》神社を訪れた。

お参りをしたとき、悪天候にもかかわらず、陽射しに包まれたような奇妙な暖かさを感じた。

まるでお母さんのお腹のなかにいるような、懐かしい感覚があった。

蚕影神社は、その名のとおり養蚕の神様を祀っている。

包まれたような暖かさが蚕の繭《まゆ》を彷彿《ほうふつ》とさせるのは、偶然だろうか。

水戸ナンバーの呪い

津田さんという男性は、水戸ナンバーの車の事故をよく見かけていた。

いままで三度見かけており、たんなる偶然にしては多い。もし四度目があればただの偶然ではないかもしれない、と奇妙さを感じていたようだ。

ある年、仕事の事情で北海道へ引っ越すことになった。

北海道ならば水戸ナンバーの車などそういないし、事故を見ることもないだろう。

そう言っていた矢先――

津田さんが引っ越し先で亡くなった。

北海道に引っ越したあと、なぜか一度、住所を地元の水戸市にわざわざ戻したらしい。

そしてなぜか水戸ナンバーをつけた車を買って、北海道で接触事故を起こし亡くなったという。

四度目の事故は、自分が被害者になったのだ。

――偶然は、四度重なれば偶然ではないのかもしれない。

走り屋の純情　つくば市

茨城県といえば、いわゆるヤンキーが多いことでも有名だろう。いまも町を歩けばそうした人種に出くわすことがある。

かつてヤンキーだったタケシさんに聞いた話である。

いわゆる「走り屋」だったタケシさんは、親友のユウキさんを事故で亡くしている。同じく走り屋だった彼は全国の峠を愛車のバイクで攻めていたが、ある峠の事故で帰らぬ人になった。

ユウキさんが亡くなる直前、不思議なことを言っていたという。

「これでようやく彼女のそばにいられる……」と。

ユウキさんにはかつて恋人がいたが、病気で亡くなってしまっていたそうだ。

だからユウキさんの言葉の意味は、その亡くなった恋人のところに行けるという意味だとそのときは思っていた。

しかし、あとでわかったことだが、当時ユウキさんは亡き恋人のことなどすっかり忘れたように、別のクミという女性に対して一方的に恋慕していたようだ。

クミはユウキさんの死後、何者かの視線をいつも感じると言っていた。

さらに彼女は、死んだユウキさんの口癖をたまに口走ってしまうようになったそうだ。

「このごじゃっぺ《いい加減》が……」

ユウキさんの最期の言葉を、タケシさんは思い出して背筋が寒くなる。

「これでようやく彼女のそばにいられる」というあの言葉を。

死ぬ前、どうりで幸せそうな顔をしていたわけだ。

カーナビ　神栖市

遠藤さんの車のカーナビは、神栖市のある地域に向けて進路を合わせると、必ず墓場に案内される。

一本杉の怪　日立市

県道三十六号線を車で走っていると、二車線道路の真ん中にでんとそびえる一本の立派な杉の木を見ることができる。日立市指定文化財天然記念物にも指定されている「本山《もとやま》の一本杉」だ。

伐採しようとすると事故が多発する、杉の木の周りを三周すると幽霊が見える、など何かと噂がある場所でもある。

由紀さんの彼氏の信哉さんは、そこで頻繁に長い髪の女性を見たという。

眼鏡をかけなくてもはっきりと見えたので、あれは間違いなく幽霊だと確信しているそうだ。

まぼろしの酒

常陸太田市

酒どころとして有名な高知県出身で、自他ともに認める酒好きの淡路さんには、ずっと探している酒があるという。

それは若い頃、茨城県に旅行に行ったときに山間の宿で味わった、天にも昇るほど旨い酒だという。

黄金色をしていて、辛口のわりに優しい味わいで、芳醇な甘い香りがした。

あいにく淡路さんは酒の名前は忘れてしまった。もう一度同じ宿に行こうにも、確か常陸太田市の山間部にあったと記憶しているその宿は、友人づてに閉業したと聞いた。

手がかりを持たない淡路さんは、酒蔵を探すほかないと思い、同じ酒好きの夫とともにあちこち探しているのだ。

これほどまでに淡路さんが酒を探しているのは、その味わいもさることながら、最大の理由が別にある。

その酒を飲んでから不思議なことが起きるのだ。

幽霊が見えるのである。

ぼんやりとした影程度であまり怖くはないそうだが、何気ない生活のなかでときどき見えることがあるという。

幽霊が見えるときは決まって、前兆のようにあの酒の甘いにおいがするという。

酒と幽霊、どんなつながりがあるかはわからないが、あの酒にはそういった眠っている能力を呼び覚ますような作用でもあるのだろうか。

いまでも淡路さんは、茨城県に来ては幻の銘酒を探し続けている。

サルガミテイル

つくば市・土浦市

「うちの近くの山には野生の猿が棲んでいて、ときどき山から人里に降りてくるんですよ」

宝篋山《ほうきょうさん》の近くにある町で生まれ育った師岡《もろおか》さんは、いたずらばかりする猿に困っていたという。

「狂暴なんですよ。下手すりゃ嚙みついたり引っ搔いたりされるから……」

最近は数が減ったのか、それとも他所に移ったのか、猿が降りてくることも少なくなったが、当時はたまに降りてきては悪さをしていたという。

師岡さんの祖父は、そんな猿たちを納屋の酒樽に入れ、なんと猿酒にして晩酌するのが好きだったそうだ。

猿酒とは、一般的には猿が木の窪みなどに果実や木の実などを貯めて、それが自然に発酵してできる酒のことである。師岡さんもそちらの猿酒を想像し、祖父の冗談かと思っていた。

しかし、気になる。

そこで祖父に一度、納屋を見せてもらった。

納屋のなかには酒樽がたくさんある。

祖父がひとつの酒樽の蓋を取る。

促されるまま覗いてみると、なかから強烈な獣の臭いがした。

思わず顔を背《そむ》ける。

祖父は笑いながら蓋をした。

覗きこんだ一瞬、何かが樽のなかにいた気がした。


この出来事のあとから師岡さんは奇妙なものを見るようになった。

部屋にいると、窓の外から猿がこちらを見ていることがあるのだ。

しじみを横に二つ並べたような真っ黒い双眸《そうぼう》でこちらを覗きこむ猿――その姿は恐ろしく、師岡さんは見ないふりをしていた。

家族のようすから察するに、猿はどうやら自分にしか見えていないようで、誰にも相談できなかった。

そうした恐怖に耐える日々が続いていたある日、祖父が亡くなった。

すると、ぱったりと猿も姿を見せなくなった。


猿が姿を消したことに安堵していると、家の軒下から猿の骨がいくつも出てきた。

祖父は本当に猿をつぶして酒をつくっていたのかもしれない、と戦慄した。

あの樽に入っていたのは、果たして本当に猿が腐敗したものだったのだろうか。

そして師岡さんを覗き込んでいた猿は、無惨にも祖父によって酒にされた、被害者たちだったのだろうか。

バーの客

霞ヶ浦湖畔

霞ヶ浦《かすみがうら》の近くにかつてあり、いまは閉業したとあるバーでの出来事だ。

こぢんまりとしてはいたが、マスターがひとりで営むような隠れ家的佇まいを玄田さんは気に入り、客として入った。

夜はダイニングバーのようだが、ランチは地の魚を使った料理を楽しめる店らしい。

店のなかには奥のカウンター席に女がひとり、グラスを傾けていた。

女性客ひとりとは、珍しい。

それだけこの店は居心地がいいのだろう。

酒を注文し、席につくと、玄田さんは女性に話しかけられた。

女性は話が上手く、不思議な魅力のある人だ。

夏だというのに長袖を着ていて、うっすらと頬や額に汗をかいているようだ。

店内はエアコンがかかってはいるが、それほど涼しくもない。

笑いながら話をしていると、不意に女性がうつむいて、身の上話を語り出した。

「見てほしいの」

そう言って袖をまくる。

露《あら》わになった腕には、白い肌に無数の痣《あざ》が浮かんでいた。

火傷の痕のように全体的に満遍なく、まだら模様が浮かんでいる。

女性はひどく落ち着いた声で、

「この痣の数だけ、子どもを堕《お》ろしたのよ。これはひとり目の夫とのあいだにできたユミ。こっちは二番目のサトシ。これは三番目のナオミ」

ひとつひとつ説明していきそうな勢いだったので、「もうわかったから。大丈夫ですよ」と遮《さえぎ》ると、

「最後にね。死ぬ前に本当に好きだった人の子だけは、なぜか私の腕には浮かばないの。でもどの子も、私の大切な子どもたちなのよ」

そう言いながら、腕を愛しそうに撫でながら笑った。

すっかり酔いも醒めて話も弾《はず》まなくなり、やがて女は店を出ていった。
しばらくして、マスターがこちらをやたらとチラチラ見る視線が気になった玄田さんは
「なんでしょう?」と問うと、

「あなた、先ほどまでずっと、誰と話してたんですか？」

そう、怪訝《けげん》な顔をして言われた。

ここに座っていた女性と話していた、と正直に伝えると、

「お客さん、この席には誰も座っていませんでしたよ」

と、眉間に皺を寄せた、まるで変な人でも見るかのような顔で言った。


店を出ると、すっかり暗くなっていた。

目と鼻の先にある湖の波音以外は、なんの音もしない。

振り返ると、どうやら玄田さんは最後の客だったようで、その日の営業終了を告げる『close』の看板が出されていた。

葬式に訪《おとな》う者

坂東市

十五年ほど前のこと。関東地方の某町にある、飲兵衛の巣窟のような個人経営の大衆居酒屋、その一角で伊能さんは男ばかり四人で安酒を飲みつつ馬鹿話に興じていた。

そのうち今宿《いまじゅく》という男がおもむろに財布のなかから一枚のレシートを取り出した。

「こんなの見たことある?」

そう言って、テーブルの端に置かれたアンケート用のボールペンを取り、レシートの裏に奇妙な絵を描きはじめた。

丸がいくつも重なってまるで葡萄の房のようにも見えるが、下へいくにしたがい丸が増えて積み石のようでもある。そして丸の真ん中には目鼻がついていた。

「下手くそだなあ、なんだよこの変なの」

伊能さんがそう言うと、ほかの二人も「これなんだよ」とおおむね同じような反応を見せる。

すると、レシートがテーブルから落ち、ひらりと隣のテーブル席の足元にいった。

隣にも自分たちと同じように複数人で集まる人たちがいる。ただし、向こうさんは女子の集団だ。

そのなかのひとりが、レシートに気づき拾ってくれた。

拾うや否や、女性は顔をゆがめ、伊能さんたちに問いかけてきた。

「こ、これ、どこで見たんですか?」

「あー、確か、爺さんの葬式と親父の葬式のときだったかな」

今宿が間髪をいれず答えると、女性も、

「私も友人のお葬式でこの絵と同じものを見ました」

――仏壇の前に「いた」のだという。

レシートの絵のような、形も大きさも不揃いな人の顔――生首がいくつも、極めて雑に積み重なっていた。

そして、ぐふっ、ぐえっ、というような気持ちの悪い声を仏間いっぱいにばらまいている。

親戚連中は仏壇の前を途切れることなく行ったり来たりしているが、みなそれに気づくようすはなかった。

それは、綿が布地からだらしなく飛び出したような紫色の汚い座布団の上にちょこんと鎮座している。

ちゃんときれいな座布団は用意されているので、家族の誰かがそいつのために用意したかのようにも思える。まるで「どうぞおくつろぎください」と言わんばかりにも感じられる。もしかしたら見えている人がほかにもいたのかもしれない。

女性が語り終えると、「そうそう。俺が見たのもそんなかんじのやつだった」と今宿も言った。

「二人とも、どこでそんなもん見たの？」

そう伊能さんが問うと、二人同時に、

「「いばらき！」」と答えた。

二人とも偶然にも、茨城県出身だったのである。

茨城県には葬式の際に死のにおいに誘われてくる死神のような存在でもいるのだろうか。茨城県民の私は少なくとも聞いたことがないが。

すっかり酔いが冷めてしまった彼らは、女性グループにさよならを告げ、居酒屋をあとにした。

その帰り際、先ほどの女性がぼそりとつぶやいた。

「それを見たときって、自殺した友人のお葬式なんですよ。もしかして……」

今宿も青ざめた顔で言う。

「俺の爺さんと親父も自殺なんだよ……」

より一層厭な空気になり、逃げるように居酒屋を出た彼らには、ただの夜の闇が恐ろしいものに見えたのは言うまでもない。

続・葬式に訪う者

坂東市

「また誰かのお葬式でそれを見たらメールします」

今宿は、居酒屋で会った同じ怪異を目撃した女性とちゃっかりメールアドレスを交換していた。

その女性——弥生さんに少々下心も持っていた今宿は、怖がりながらも連絡を待った。

弥生さんからメールが来たのが、居酒屋で会ったちょうど一年後の春、寒さももうじき和らぐ頃のことだ。

「母が亡くなりました」

という題名のメールが突然、弥生さんから届いたのである。

弥生さんによると、いくつかわかったことがあるため、会いたいとのこと。

今宿は二つ返事で了承し、あの居酒屋で待ち合わせをした。

今度は相席である。

「母はあれにたんべさんと名づけていました」

弥生さんの母親もそれが見えていた。「たんべ」とは、母が祖母から教わった呼び名で、土地の言葉で「御愁傷様」「お悔やみ」という意味だ。人が亡くなると家に招き入れるもので、故人が亡くなったことを悼《いた》んでくれる存在らしい。そして葬式が終わると、いつの間にか人知れず家を出ていくのだそうだ。

ただ、故人を哀悼するありがたい存在だが、ひとつだけ決まり事がある。

姿が見えたとしても、見て見ぬふりをしなければならないのだ。

じつは弥生さんの家族も見えていたそうだが、みな見ないふりをしていたのだそうだ。

もちろん、たんべさんについての話もしてはいけない。たんべさんは気づかれるのを嫌うので、気づかれたとわかると不幸を置いていくのだそうだ。


「そういう、ありがたい存在だと母から教わってきました。だけど、その母も……」

「──もしかして、自殺？」

初めて聞くことばかりで唖然としていた今宿だったが、半ば反射的に勘づいた。

「はい、その通りです。私には、母の死因がたんべさんと関係があるように思えるんです」

今宿も同感であった。話を聞くに、たんべさんは故人を哀悼するありがたい存在ではなく、もっとどす黒い、まるで人を自殺へ導くような、邪悪な存在に思えるのだ。

「母が亡くなったのは先週ですが、火葬場の都合で予定が後ろ倒しになり、明後日が葬儀なんです。もしもたんべさんが葬儀に来るのなら、私、話しかけてみようかと思うんです」

「そ、それはやめたほうが……。不幸を置いていくんでしょ、弥生さんだって無事じゃ済まないかもしれないよ」と、今宿は半ば反射的に忠告したものの、彼女は少し微笑《ほほえ》みながらそれきり取り合おうとせず、何も話さないまま店を出て、その日は別れた。


後日、弥生さんの家が不審火で燃えた。

寝ている最中の火災だったため、逃げ遅れた彼女の右頬には、大きな火傷の痕が残った。

果たして彼女は、たんべさんと接触し、その報いを身をもって受けたのだろうか。

そもそも、たんべさんは故人を悼むありがたい存在だったのか、それとも人を自殺へ導く邪悪な何かだったのか——身に危険が及んだ以上、さらなる追及はできない。

顔に取り返しのつかない大きな火傷を負った弥生さんのことを思うと、今宿はもっと強く止めるべきだった、と後悔の念を募らせている。

存在しない町

八千代町

「存在しない町、知ってる？」

川崎が不意に、堂島さんに問いかけた。

堂島さんは、川崎とはまだ知り合って間もなく、あまりメールもしない仲だが、あるとき飲みましょうと誘われノコノコついていき、宴もたけなわのタイミングで藪から棒に存在しない町を知っているか訊かれ当然、呆気にとられた。

存在しないならば、その町はないのでは？

そう返すと、川崎は笑いながら、

「あるんだよ、ちゃんと。やたら十字路が多いけどね」

と言ってきた。意味がわからず堂島さんが訊き返すと、川崎がさらに続けた。

「人っこひとりいないんだけど、麦わら帽子の女の子が寂しくぽつねんっとひとりでいるんだよ。

女の子というか、女性だな。その女性についていったら、いつの間にか出られたんだな。確か、八千代のどっかだったけど、詳しくどこかまでは忘れた」

さらに川崎は驚くべきことを付け加えた。

「あ、それと江本サンっていただろ？　あの人も、あの町に行ってから連絡つかなくなったんだよな」

江本とは、川崎と共通の知人である。川崎いわく、二十二年前に突然行方不明になったそうだ。それが、まさか存在しない町に迷いこんだから、だなんて……。

堂島さんは嘘だろうと思った。

まるで酔っぱらいの戯言《たわごと》だ。

しかし、はっと気づいたことがあった。じつは堂島さんにも少しばかり心当たりがあったのだ。

川崎以外にも、その町らしき場所に迷いこんだという話をほかに二回聞いている。

つまり、合計四人の人物がその存在しない町に迷いこんで、うちひとりはいまだに行方がわからなくなっているということだ。

彼らが言う、その町の状況は左記のとおり。
・町中を歩いていると突然、知らない町にいる。
・おもに何もない寂しい町だが、やたら十字路が多い。
・ひと気がない。
・気づくと女性がいる。
・麦わら帽子の髪の長い若い女性。
・女性についていくと、いつの間にかもとの知っている道に出る。
・最後は女性を見失っている。
そこまでは川崎を含め、誰の話を聞いても寸分違わない。ということは、同じ町なのだろうか。

異次元のようなその町は、果たして本当にこの世に存在しないのだろうか。

消えた友人

八千代町

行方不明になった、堂島さんと川崎の共通の友人――江本の声を最後に聞いたのは川崎だった。

江本はどこだかわからない町に迷いこみ、そこから川崎に電話をしてきたそうだ。迎えに来てくれと言われたが、自分がどこにいるかわからず、そうこうしているうちにスマホのバッテリーが切れて、それ以後はかかってこない。

――という夢を見た。

電話も、迎えに来てくれと言われたこともすべて川崎が見た夢だ。

しかし、ただの夢と安心したのもつかの間、翌日から本当に江本と音信不通になってしまった。

いまも彼は行方不明だ。

気になるのが、夢のなかで電話が切れる直前、江本がつぶやいた言葉――。

「迎えが来た」

そう言って電話を切り、目が覚めると本当にいなくなった。

いったい何が彼を迎えに来たというのだろうか。

そして何より気味が悪いのが、堂島さんに教えてくれたはずのその町の話を、江本の記憶ごとすっかり川崎が忘れているのだ。

堂島さんはたしかに飲み会の終盤で「存在しない町、知ってる?」と言われた。

しかし、いま川崎は「そんな話は知らない」と言い張る。

確実に川崎の記憶からあの町の記憶がまるごとごっそりなくなっているのである。

何かが記憶を消したのだろうか。

それとも恐怖から忘れたふりをしているのか。

それは存在しない町から通達された、記憶に留めてはいけないというある種の警告なのかもしれない。

二人目　茨城県某所

かつて県内の大学で非常勤講師をしていた柏原さんに聞いた話である。

十五年ほど前、雨続きの五月下旬のこと。

校舎からひとりの学生が出てくるところに鉢合わせた。自分の講義の受講生である中里くんだ。柏原さんが教え子のように親身に接している学生である。いつものように声をかけた。

だが、なぜか挨拶を返さない。

ぼんやりしたようすで中里くんは歩いていく。

いつもだったら元気に挨拶をしてくれるのに妙だなとは思ったが、あまり深く考えずそのまま見送った。

すると次の瞬間、なんと中里くんが別の方向から歩いてきた。柏原さんが呆気にとられていると、

「先生、どうしたんです、変な顔して。僕の顔になんかついてますか?」

といつも通り気さくなようすで話しかけてくる。柏原さんは誤魔化すように苦笑いをするほかなかった。

それからというもの、頻繁に中里くんの姿を見かけるようになった。

本屋や、図書館、コンビニ、などいろいろな場所で目撃するが、いつも決まってぼんやりしている。

講義の合間にそれとなく聞いてみるが、見かけた時間にはその場所に行っていないという。

しかし、何度も見ているので見間違いのはずがない。柏原さんは首を傾げるほかなかった。


ある日、中里くんが亡くなった。

死因はバイク事故だという。

柏原さんはショックを受けたが、じつは予感めいたものが胸にあったのだという。

「大切な人を亡くしたのは、じつはこれで二人目なんですよ。ひとり目は、ぼくが大学生の頃、学問を一緒に志していた川井さん。彼女も同じようなかんじだったんです」

中里くんのときと同じように、行く先々で頻繁に川井さんを見かけるようになったという。しかも、本人がその時間はまったく別の場所にいたという点も同様だった。

「それでね、ついに私の番が来てしまったのかもしれないんです」

つい最近、故郷に住む母から、変なことを言われたという。

「あんた。一昨日、あそこにいた?」

母によると、柏原さんを近所の商業施設で見かけたという。

しかし、自分にはまったく覚えがない。

もしかしたら……という悪い予感が脳裏を過ぎった。


「私も死ぬんでしょうかね、中里くんや川井さんみたいに。

三人目にはなりたくないなあ……。

いまだに病気ひとつしないのが、逆に怖いんです。

でもね、近い将来どこかで必ず死が待ち受けている、そんな気がするんです。

二人目の自分が、いろんな場所で姿を見せながら、少しずつ私のほうに近づいてきているのがわかるんですよ。

だってね、最初はかなり遠方に住んでる、しばらく会ってない親戚のおじさんが見かけた程度だったのに、いまや母や兄弟までが目撃してるって言うんですから。

……いま思い出したんですが、最後に柏原くんから連絡があったとき、彼が『最近、やたら家族や兄弟が自分に会いたがる』って言ってたんです。

私も家族とはドライな関係なのですが、最近は電話口の家族が〝くん付け〟で呼んでくるようになりました。いままでは呼び捨てだったのに、変ですねえ……」

自分そっくりの人間が目撃され、やがて自分が死んでしまう――。にわかには信じられない話だが、当事者にとっては恐怖しかないであろう。柏原さんの周囲では、いったい何が起きていたのだろうか。

柏原さんに話を聞いてから五年が経とうとしている。

とくに連絡がないところを見ると、どこかで元気にやっているのか。それとも、中里くんたちと同じ結末を、人知れずどこかでたどっているのだろうか――。

神隠し蔵

茨城県某所

※聞き取り取材により体験者の記憶を忠実に再現しているが、ご高齢ゆえ実際の事件や事実と若干の齟齬が生じている可能性があることをご承知おきされたい。

茨城県には、酒蔵をはじめとして、土蔵などの蔵を農家が所有している場合も多い。

とある豪農の家の長男で、現在八十代前半の坂口さんが育った家にも蔵があった。

その蔵には、決してひとりで入ってはならないという決まりがあった。

入るときは必ず二人、またはそれ以上の人数でないといけない。

理由は教えてもらえず、ただひとりで入るなと家族、とくに祖父から言われていた。

自分が中学生になる頃、祖父から自室に呼ばれ、ようやく理由を知ることになる。

お前も気になっているだろうからと茶菓子を餌にされ、坂口さんは祖父の長話を聞くことにした。


――この蔵に昔、小さな子どもが入ったきり、いなくなってしまった。

まるで消失してしまったかのようだ。

親たちも必死に探したが見つからなかった。

それから数ヶ月して、その子どもは茨城から遠く離れた場所で見つかった。

山中をさまよっていたところを猟師に見つけられたが、言葉を忘れてしまったようにしばらく口が聞けなかった。

無事に親元に返されたものの、いなくなったあいだの出来事を聞くと、妙なことを言う。

「赤い顔をした人たちと一緒だった。そこには自分と同じ年頃の子どもたちがいて、着るものも食べるものもくれた」

子どもは、その赤い顔の人たちと、小さな集落にいたそうだ。やがて「もう帰りなさい」と言われ、集落から穴蔵を抜けてくると、いつの間にか発見された山中にいたという。

だから、坂口さんの家では、蔵にひとりで入ってはならないのだという。


とても信じられる話ではない。

しかし、その子どもが見つかった山には、広く知られているわけではないが、密かに語り継がれている伝説がある。昔から山にひとりで入った子どもが山の神様に気に入られ神隠しに遭うというのだ。

赤い顔の人たちがその山の神様と同一なのかはわからない。また、なぜその自宅の蔵とつながっていたのかも真相は不明だが、なんらかの結びつきはあるのだろうか。

ちなみに、その子どもが見つかった山一帯では、過去に痛ましい事故があったらしい。行方不明者を探す山狩りをしていたさなか、探索していた男性の煙草の火の不始末が原因で山火事が起こり、数名が炎に巻かれて亡くなったそうだ。

亡くなった数名の男性たちの霊が、いまもなおさまよっているのではないか。焼けただれた赤黒い人の顔を「赤い顔の人」と、神隠しに遭った子どもは表現したのではないか。そう不謹慎ながら思ってしまった。

古墳奇譚

茨城県某所

「いまも、探しているんです……」

　そんな彼らの言葉がいまも忘れられない。


　二十年前、自営業を営む唐沢という人物を友人から紹介され関東某所で取材した。

　彼の趣味は「古墳」。

　古墳を見ること、触ること、写真に収めること。

　茨城県の古墳の数は全国で二十位。近畿地方などに比べれば決して多くはないが、それでもたくさんの古墳がある。たとえば土浦の武者塚《むしゃづか》古墳、石岡の舟塚山《ふなつかやま》古墳、常陸太田市の梵天山《ぼんてんやま》古墳などだ。

　茨城町出身の唐沢さんは県内の古墳をほとんど制覇したそうだが、「まぼろしの古墳」がこの茨城県のどこかにあり、それを探したいのだという。

　探してどうするのか訊いたところ、

「決まってるでしょ。古墳なんだから、そこを自分の墓にするんですよ」

彼は当たり前のような顔で、至極真面目にそう答えた。

「近いうちに見つかる気がするので、見つけたら真っ先にお知らせしますね」

そう言って彼は少し笑顔を見せた。


唐沢さんと連絡をとらないまま半年の月日が経った頃、友人が再び私と唐沢さんを会わせたいと言ってきた。

正直、あまり気が進まなかったが会うことにした。

唐沢さんは以前と変わらない笑顔で、自分の家族を紹介する。

お腹を大きくした美人な奥様である。恋愛結婚ののち、もうじき子どもが生まれるのだと話す。

古墳の趣味は相変わらず続けているのか訊いてみると、

「いいえ。……いつか、みんなで古墳で死ぬんです」

とんでもない言葉に一瞬、自分の耳を疑った。

だが、横で頷いている奥さんが続ける。

「私たちはもともと自殺サークルで出会ったの。だから最初から死ぬつもりの二人なのよ。

だけど、その前に子どもが欲しくてね」

真っ黒い笑顔で二人は笑った。

友人は最後の写真だ、と嫌なジョークをかましながら集合写真を撮影した。

その写真は、なぜか唐沢夫妻だけ、顔に穴が開いたようになっている。

「前方後円墳みたいですね」

私がまったく冗談で言うと、唐沢さんは夫婦共々嬉しそうに笑った。

「たとえいつか見つけても、私たちだけが見つけた秘密の場所だから、それは誰にも教えないんだよ……」

まぼろしの古墳――それは彼らにとって「死に場所」なのではないだろうか。それを見つけてしまったとき、なんのためらいも未練もなく死んでしまうのだろうか。

逆さ鳥居

茨城県某所

相沢さんという男性は、願い事が叶う神社の話を友人から聞いた。

とある山中にあるその神社は、半ば廃墟化しているらしい。友人の話によると、逆さまになった鳥居があるからすぐにわかる、とのことだった。

願い事が叶うとはとても面白そうだ。相沢さんはその神社を探すことにした。

ただ、茨城県内にあるということ以外に、友人からは詳しい場所はおろかヒントすら何も聞かされず、それらしい山を片っ端から登って探すはめになった。

そうして探し回る日々を送っていたある日、とある山を登るとついに相沢さんはそれらしき神社を見つけた。逆さまの鳥居がある。

鳥居には扁額《へんがく》もかかっていた。逆さまなので見づらかったが、どうやら人の名字が無数に書かれているようだ。

筆で書かれているそれらは、どれも子どもが書いた汚い文字のようだった。

相沢さんはさっそく願い事をしようとしたが、ここに来て何を願えばいいかわからない。

思えば、肝心の願い事を考えてきていなかった。

結局、神社を見つけたと友人に報告しただけで、とくに願い事をせずに帰ってきた。

その後、友人がその場所を教えてくれないかと執拗《しつよう》に聞いてくるようになった。

あまりのしつこさに煩《わずら》わしくなった相沢さんはだんだんと友人を遠ざけるようになり、結果として友達付き合いは解消してしまった。

いまも、友人はその神社を探しているらしい。

願いが叶う――そんなことのために友人をなくしたのは痛いが、もう一度、あの神社に行って彼との関係を取り戻したい、と相沢さんは語る。扁額に書かれた名前も、いままでに神社が願い事を聞いた数なのではないかと思っているそうだ。

その後、相沢さんは何度もあの神社に行こうとしているが、なぜか神社は見つからない。

まるで移動したか、完全に消えてしまったかのように。

行こうとしても、記憶に霞《もや》がかかったかのようになり、なぜかたどり着けないのだという。

あのおびただしい名字の中に自分の名前がないか探す夢を、最近になってよく見るのだという。

千里眼　　行方市

七十代女性の粟辻《あわつじ》さんが子どもの頃、七五三の行事で一度だけ、行方《なめがた》市の親類の家に行ったときのことである。

広い和室に親類縁者が勢揃いして、自分を盛大に祝ってくれた。

ただ、なぜか「あること」をさせられた。

粟辻さんは目隠しをされ、視界を完全に遮られたのである。

さらに別の部屋に連れていかれ、誰かと会話させられる。

その人物は、声を聞いたかぎり会ったことのない人で、鈴が鳴るような明るいハキハキとした声だったのを覚えている。

ただ、粟辻さんいわく「まるで気配がなかった」そうだ。

居るのに、居ないようだとでもいえばいいのか。

その人物から発せられた質問に対して粟辻さんが答えるだけ、という一方的な会話だったが、質問はどれも奇妙なものだった。

空は飛べるか。水の中で息ができるか。物を触れずに動かせるか。

そのようなおかしな質問を延々と投げかけられたあと、家族によってもとの和室に連れ出され、目隠しを外される。

そして親類はから「よくやった」と過剰に褒めそやされた。

それから、粟辻さんの身に妙なことが起きはじめた。

失くした物を見つけることができるようになったのである。

さらに、夢のなかで近い未来が見えるようにもなった。

ただし、物覚えがひどく悪くなった。

授かった能力の代償なのかは定かではない。

あのときの儀式がなんなのか、部屋にいた人物は誰だったのか、いまもってわからないそうだ。

竹のつげ櫛　牛久市

牛久市在住の師岡さんという、三十代後半の女性から聞いた話。

祖母の死後、形見分けをしたときにいくつかの物を譲り受けた。

ミシンや着物などをもらったが、そのほかに竹の櫛《くし》があったという。

傷ひとつない櫛はよほど大切にされていたのだろうことが窺えた。

その櫛で髪をとくと、不思議なことが起きる。

霊感が働くのだという。

髪をといたあとは必ずといっていいほど、黒い影を見たり変な声が聞こえたりする。

もともとは幽霊を見るほうではなかったので、気のせいで済ますにはあまりにも見えすぎる。

気味が悪いので、いつの間にか櫛を使うこともなくなった。

ただ、使っていないからといって手入れをしなくては傷んでしまう。

汚れていれば拭《ふ》いたり、傷がつけば鑢《やすり》で磨《みが》いたりして、それなりに手入れをしていた。

使っていないはずの櫛には、たまに髪の毛がついていることがあった。

持ち主の自分でさえ使わないのに、髪の毛がついているなんてことはないはず。しかし、誰のものかもわからない真っ黒い艶やかな髪の毛がくっついていることがたまにあった。

見つけるたびに取ったが、いままでのを集めたらさすがに人ひとりぶんくらいの毛量に届くだろうと気がついて、気持ちが悪くなった。


三十になる手前で真っ二つに櫛が折れたときに霊感も一緒になくなってしまったという。

グゼ　茨城県北部

柳瀬さんは県内のとある海辺の町で育った。

子どもの頃より、祖父からきつく言われていたことがあるという。

「どんなに悪さをしたって拳骨一発で許してやれるが、グゼだけは釣っちゃなんねえ」

祖父によると、グゼとは怪魚であり、漁師のあいだでは釣ると死んでしまうといわれているのだそうだ。

しかし、そんなバカなと柳瀬さんは思っていた。成長していざ漁師になってみても、相変わらず信じていなかったという。


その日は大漁だった。

網を何度も引き揚げたので、くたくただ。

最後に揚げた網に、妙なものがかかっていた。

それは、黄土色の魚。

ただ、見たことのない魚だった。

長さは五、六十センチほどだろうか。腹が白みがかっていて、目が存在せずのっぺらぼうのような顔をしている。また、この魚が揚がった途端、周囲がミルクのようなにおい、いうなれば人間の赤ん坊のような臭気で充満した。

そんな魚はいままで見たことはおろか聞いたこともない。

もしやこれが祖父のいうグゼなのだろうかとも思いギクリとしたが、すぐに海に放った。

グゼなんてものは迷信だ、さっきのもただの奇形の魚だろう、そう思い直すことにしてその日の漁を終えた。


明くる日、何人かの漁師が「グゼを釣った」と言っているのを聞いた。

ただの迷信をみな信じているのか、と柳瀬さんは半ばあきれていたが――

グゼを釣ったと言っていた人が、突然死した。

さらに、あの日漁に行った仲間も次々に死んでゆく。

次は自分の番なのでは……と柳瀬さんが戦々恐々としていたとき、健康だった祖父が倒れた。

原因不明だったが、みるみる衰弱していき、手の施しようがないほどになった。

そして臨終の間際。柳瀬さんを枕元に呼んだ祖父が最期に言った。

「グゼを、俺も釣った」

そう囁いたきり、祖父は眠るように死んでしまった。

以来、柳瀬さんはある日突然死ぬかもしれない不安に苛まれ続けてきたが、とくに何事もなく八十代を迎え、いまに至っている。

ただ、グゼとはなんなのか、仲間の漁師が死んだのは本当にグゼが原因なのか、いまだに謎なのだという。

記憶絵の中の戦争

水戸市

為川さんの曾祖父の群治さんは、晩年に戦争の絵を描いていた。

徴兵されたもののなんとか終戦を迎えた群治さんは、戦後は念願の学校の教員にまでなった。そして病気を患い入院中、病室の窓から見える景色を描いていると、いつの間にか兵隊時代の絵を描いていたのだという。


鉛筆のみで描かれたその絵にはひとつ不思議なところがあった。

実際に体験した記憶を描いているわけではないのだ。

どこかの山奥で、誰かと一緒にいた。

二階建ての立派な家、広い庭、大きな噴水がある。

そこでの生活を事細かに描くことができる。

しかし、この場所の記憶は、兵隊時代のどの記憶ともつながっていないのだ。兵士としての戦争中の記憶もきちんとあり、そのなかには山はどこにもない。おそらく実際には行っていないのだろう。

だが、この山に思いを馳せると、群治さんは懐かしさに焦がれてしまう。見たこともないはずの山だが、胸を締め付けるような切なさでいっぱいになる。

違う場所での記憶が同時にあるようで不思議な感覚だったという。

一生を費やして子どもたちに戦争を教えようとした曾祖父に代わり、いまは為川さんが教壇に立っている。

戦争の記憶は、悲惨なものだけではない。

少なくとも曾祖父にとっては優しい記憶でもあるに違いない。そう信じたいと為川さんは言う。

家族写真

ひたちなか市

ひたちなか市にお住まいの志保さんから聞いた話だ。

昭和も終わろうかという頃、年末の大掃除をしていたさなか、居間で母親と祖母が一緒に古いアルバムを見ていた。

志保さんの家族は一年ごとに家族写真を撮影しており、毎年の写真がアルバムに並んでいる。

そのなかの十年前に撮影した一枚に、ひとり知らない人が紛れていた。

白いシャツを着ている短髪の男性だが、見覚えがない。

気になってほかの年代の写真も見てみると、昭和だけでなく、なんと大正や明治の頃の写真にも、居た。

写っている家族は違うのに、その男性だけは同じ服装、容姿も年齢も変わらないように見える。

あまりの不可解さに家族皆で首を捻っていると、ちょうど新しい家族写真が届いた。長女の娘の出産祝いに先日撮影していたのだった。

一同、まさかと思ったが、この新しい写真にも家族に混じって白シャツの男性が写り込んでいた。

この男性はいったい誰なのか。なぜ時代を越えて写っているのか。どれだけ頭を捻ってもその日はわからずじまいだった。

後日、志保さんたちはあのシャツの男の正体を突き止めるため、親戚宅を回って聞いてみることにした。

すると、誰もがシャツの男を指さして、祖父の面影があると言うのである。

最後に回った叔父はさらに、祖父の弟ではないかと言うのだった。無論、志保さんには祖父に弟がいたことは初耳である。

叔父が言うには、祖父の弟は山で仕事をしているとき、神隠しのように蒸発してしまったのだという。

以来、なぜか志保さんの家族は彼の存在を忘れたかのように振る舞っていたというのだ。ほかの家族も知っていたにもかかわらず、まるで最初から弟が存在しなかったとでも言うように、話題にすら出さなかった。

話を聞くに、まるで弟を家族という枠組みから抹消したいような気さえする。

そして写真の男が祖父の弟だったとして、神隠しに遭う遥か以前の写真にも写り込んでいるのが、ひたすら不気味である。

もしかしたら足らないピースがあるのかもしれないが、志保さんの家族は、写真の男はあくまで知らない男だと言うのである。

この一件以来、志保さんの家族はよほどのことがないかぎり家族写真は撮らないという。

もしも新しい写真を撮影したら、いまもその男は変わらない姿で写るのだろうか。

鳥籠のなかの女

常陸大宮市

田舎育ちだからというわけではないだろうが、特定の地域・家に伝わる独特の決め事などにまつわる、いわゆる風習モノとでもいうような怪談が私のもとにはよく集まってくる。なかには、にわかには信じがたいほどに恐ろしく、またおぞましい風習の話もある。左記に示すのも、そのひとつだ。このような風習を、読者の皆様はどうお考えになられるだろうか。

細谷さんという五十代女性の、父方の実家の話である。

その実家は常陸大宮市にあり、長らく誰も住んでおらず空き家だったそうだ。にもかかわらず、「ある人」のために使われているという。

その人は家族や親せきにとっては「功労者」のような存在で、皆でその人の生活の面倒を見ているのだという。

「他人」という以外わからない。

両親も、自分が物心つく年齢になるまで教えられなかったというのだ。

功労者と讃《たた》えてはいても、裏では厄介者と呼ぶ者もいるそうだ。

その人には大きな借りがあるために、わざわざお金をかけてまでその人の面倒を家族で一丸となって見ているのだそうだ。

親族は皆「みゆき」とその人を呼び、実家を「みゆきの家」または「お社《やしろ》」と呼ぶ。


一度だけ、みゆきの家に行ったことがある。

見た目は普通の二階建ての古い家で、多少の築年数は感じられた。

法事という名目で集められた親族数名が、家のなかでも広い部屋に集められた。

十六畳ほどの大広間だ。仏壇が設えてあったので仏間だったのかもしれない。

そのとき会ったみゆきさんは、四十くらいか、もしかしたらもっと上だったのかもしれない。

ぼろぼろの衣服をまとい、髪は伸び放題だった。

そして、目と耳が不自由らしい。

茶碗に盛られたご飯を食べながら、もごもごと何かを祖父に耳打ちする。

終始誰もがにこやかで穏やかな表情をしているが、どの笑顔も作り笑いだ。

みゆきさんが何かを書いた紙を渡す。

そこには汚い字で食べたいものや欲しいものが書かれていた。

それからは何をしたかはあまり覚えてはいない。

というのも、何人かは残ったが自分の家族は一番先に帰ったからだ。

周りの親族はあまりそれを快く思わないのか、失礼しますと言うと、舌打ちしてくる者もいた。


のちに話を聞くと、あのみゆきと呼ばれる人は親族や身内にかかる災いの一切を引き受けてくれる、じつに便利な「受け皿」なのだという。

どうりで細谷さんが怪我をしても、重篤にはならなかったはずだ。

しかしながら、みゆきさんがそれを引き受けてくれているなんて思いもしなかった。

耳が聞こえなかったり、目が見えなかったりするのもそのためで、みゆきさんはそれを承知であのような生活に身を置いているのそうだ。

だから生涯、あの家で暮らすのだという。


家族のために自分を犠牲にするその姿を見て、細谷さんはみゆきさんが身をやつしているようにしか見えないと思った。そしてあの哀れな姿は、まるであの家にとり憑く憑き物のようだ、とも。

細谷さんは最後に皮肉るように言った。

「あの家にみゆきさんがいるあいだだけは、家族は安泰」

裏を返せば、みゆきさんが死んでしまえばみゆきさんに押しつけていた災いが自分たちに降りかかる。それを避けるためにみゆきさんはいるのだ。みゆきさんがいなくなれば家族はそのときに終わるであろうことが、容易に想像できる。

自分たち家族はみゆきさんに寄りかかることでしか生きていけないのだと思った。「みゆき」という存在に頼らなければ生きていけない家族もまた憑き物のようである。じつは、安全な場所だと思っているだけで、いちばん危険な場所に家族はいるのかもしれない。

私には、これがある種の呪いなのか祟りなのか判断しようがない。

みゆきさんは実家という鳥籠のなかで飼われているようでいて、じつは飼われているのは家族のほうなのかもしれない。

虫寄せ

茨城県央西部

現在七十二歳である早織さんのご実家は、何世代前からも続く、長い歴史のある家だ。

この家では、「虫寄せ」という長女にのみ伝えられる儀式めいたものがあるという。

祖母も早織さんの母親もある年齢になると、毎年儀式に参加させられたという。

青森県・恐山のイタコが自分に霊を降ろし、代わりに話す「口寄《くちよ》せ」という儀式があるが、それと虫寄せはどうも違うらしい。似た名前の「虫追い」とも異なる。


夏の終わりのある決まった日になると、家族が儀式を行なうための仏間に集められる。

仏間の中央には水盆がひとつ用意されていて、周りに家族が座る。

水盆に入った水には、術者となる長女の血液を混ぜる。この血の動きによって、儀式を行なう時刻を決めるらしい。

再びその時刻に長女がひとりで仏間に入ると、一晩中、儀式が行なわれるそうだ。

ここからは早織さんが祖母から聞いた話である。

長女は一晩中かけて「虫」と呼ばれるものを憑依させる。虫とは、祖母いわく神様のようなものらしい。

祖母の代のときも同じように虫を憑けようとしたが、祖母の体には合わなかったのか、途中で中止になり次の代の早織さんの母親に任されたという。

母親はうまく虫を体に憑依させることができたので、祖母とは違って家族からたいへんに特別な扱いを受けたそうだ。

ただ、早織さんが母親に関して覚えていることはあまりない。なぜなら母親は、早織さんを生んですぐに亡くなってしまったからだ。

その儀式は十歳よりも前に行なったと記憶している。

ついに母親の次の代の長女である早織さんが虫寄せをやる番になったのだ。

年齢は水盆の占いによっても変わるらしい。

水盆に血液を入れる。そして、時刻が決まるのを待つ。

夜中決められた時刻に仏間に入る。

当然そこには前述したようにたったひとり。

すでに水盆は片付けられていて、座布団が一枚用意されているが、不思議なことに障子《しょうじ》を隔てたもうひとつの部屋にもう一枚の座布団が敷かれている。

つまり自分以外にもうひとり誰かが座るということだ。

（いったい誰が？）と思っていると、そのもうひとつの座布団に影が座っていることに気づいた。

その影は微動だにしない。

ただ、自分の影だということがなんとなくわかる。

しかし自分はここにいるし、向こうの部屋に鏡があるわけでもない。

いったいあれはなんだろう。

ずっとその影を見つめていると、影は立ち上がりこちらに向かってくる。

恐怖を感じていると、ぷつりと意識が飛んだのだという。


気づくと家族によって別の部屋に運ばれていた。

庭では何かを燃やしていた跡がある。

どうやら、虫寄せは成功したらしい。

祖母にどういうことかを聞くと、虫寄せはあの部屋に「魂」をおびき寄せるための儀式なのだという。魂とは先祖のもので、自分に見えたのは近い血筋の人の魂だというのだが、曖昧なことを言うばかりで、よくわからない。

ただ、その後に虫寄せが行なわれなくなったところをみると、本当はそんな〝先祖の魂を迎える儀式〟など存在しないのではないかとも思えるのだ。どうにも儀式の内容が簡単な気がするし、説明も雑というか、とても杜撰《ずさん》に思える。

早織さんは、もしかしたら本来の目的があるのではないか、それをカモフラージュするためにわざと虫寄せなどという儀式だと自分をだましたのではないか、という疑いすら持っているのだ。


なぜなら、あの儀式をしてから友人たちから、自分の影が二重に見えると言われることがあるからだ。

像がぶれるように、早織さんと同じシルエットをした影が、早織さんの背中から出ようとしているように見えるのだという。

それは、あの儀式のさなかで見たもうひとりの自分かもしれない。

祖母が亡くなる前に、「あぐたれしてたらしゃーねー」としきりに言っていた。

あぐたれとは方言でいたずらという意味だが、あの儀式のことを言っていたのかもしれないと早織さんは言う。

町から離れた早織さんが電話するたびに祖母は謝っていたという。いまから考えると「儀式に参加させてしまい申し訳ない」という意味だったのかもしれない。祖母から本当の儀式の意図が聞けなかったのが心残りである。

あのとき呼び寄せた「虫」は、本当に先祖だったのだろうか。

神様になった友人

北茨城市

後藤さんはある日、常田さんという友人から久しぶりに会いたいと言われ、待ち合わせをしていた。

常田さんとは小学校以来会っておらず、正直どんな人間なのかあまり覚えていなかった。

それほど親しくもない自分になぜ連絡を寄越してきたのか、それだけでも知りたくて会うことにしたのだ。

待ち合わせた二人は、ファミレスのテーブル席で向かい合いながら食事をした。

先に口火を切ったのは常田さんのほうだ。

「俺さ、いま……神様やってるんだ」

いきなり素《す》っ頓狂《とんきょう》なことを言うので驚いた。

「神様？」

何かの宗教にかぶれているのかと思ったが、そうではなかった。

どうやら、神様という仕事を向こう一年間続けていれば良いことがあるという。

お金でももらえるのかと思ったが、どうもそうではないらしい。真冬だというのに常田さんはだらだらと汗をかきながら、後藤さんに説明する。

事のはじまりは、昨年の夏のこと。

常田さんの家に、長らく疎遠になっていたおばさんがやって来た。

「すいません、あのう……久しぶりだねえ」

おばさんは何をしに来たのかよくわからない。ただ、汗を額から吹き出しながら、真夏日にわざわざ遠くから訪ねてきた。用件を訊くと、

「神様をわたしの代わりにやってほしい」

そう言うのである。

あまりに唐突で常田さんも驚いた。神様をやる？　そもそも神様とはなんだ？　いろんな疑問が口をついて出たが、それでもとにかく引き受けてくれればわかるから、とおばさんは頑《かたく》なに説明しようとしない。

しかし昔、借金を肩代わりしてもらうなど金銭面などで世話になったおばさんなので無下にすることもできず、

「少し考えさせてください。必ずお返事しますので」

そう答えると、おばさんは嬉しそうに、

「約束よ」

と言って、家を出ていった。

一週間ほど考えた結果、常田さんは人助けだと思って興味本位から神様の役を引き受けることにした。

おばさんによると、次の年から神様の役をすることになるらしい。ただ、いわゆる年神様の名前を借りるだけでよく、実際は何もしなくてよいとのことだった。

こんなに楽なことはない。

それから奇妙なことが起きた。

良いことが次々に起こったのだ。

競馬は当たる。宝くじも当たる。

常田さんの手元には使いきれないほどのお金が入った。

神様とはなんて良いものだろう——この頃まではそう思っていた。

神様になって半年ほど経ったある日、常田さんのもとに親戚のおじさんが訪ねてきた。

「十二月になったら、年を越す前に、ある場所に行ってきてほしいんだ」

そう言っておじさんは、その場所で行なうことが書かれたメモを渡してきた。とくに説明もなく、何もわからないままだったが、これも神様の役目だろうと思い、受け取った。

季節が冬になり、十二月のはじめ頃、常田さんは北茨城市にある片田舎の小さな駅に向かった。そこから四時間ほどバスに揺られ、たどり着いた町にある家に向かう。

そこには荒れ果てた家があった。

じつは、ある親戚が心中事件を起こした家だと知らされていた。もう長らく打ち捨てられた状態になっている。恐ろしい場所だが、ここまで来ていまさら引き返すわけにもいかない。

今夜、ここで来客から何かを受け取る。それを仏壇の前に置く。

メモには、それだけが書かれていた。

こんな辺鄙《へんぴ》なところを訪ねる人間などいるだろうか。そう不安げになりつつも夜を待った。

やがて、深夜十二時を回ろうというとき、時計が鳴って日付が変わると、木戸の向こうから突然、声が聞こえた。

「すみません、お客様です。開けてもらえませんか」

言われたとおり客人が来た。この人から何かを受け取ればいいのだろう。

それにしても、自分からお客様と名乗るなんてなんだかおかしいと思いつつ、木戸を開ける。

夜の暗闇の向こうから手が伸びてくる。

手には何かが握られていた。

それを押しつけられるように受け取ると、両手で木戸をばたりと閉められた。

受け取ったものを改めて見て驚いた。

骨壺だ。

誰の遺骨なのかわからないが、指示されたとおりに仏壇の前に運ぶ。

そこには同じような骨壺が無数にあるのだ。

自分と同じように神様となった人がここに来て、誰かから受け取った骨壺を置いていったのではないか。なんとなくそう思った。

その家ではひと晩過ごし、ほかに何事もないまま朝を迎えて帰宅した。

「結局、何をやらされたのか全然わかんないままなんだよね」

謎の骨壺、それに届けに来た客人も、何もかもが不気味で謎めいた儀式だ。後藤さんには、その客人がなんとなく生きている人ではないと思えた。

「神様の役目ってもうそれだけだったんだよ。あとはいいことばっかり。それでさ、後藤。お前も神様やってみないか?」

「えっ、俺も⁉」

「いや、うちの親族じゃなくてもやろうと思えばできるんだよ。競馬も宝くじも当たるし、やってみない?」

いくらなんでも怪しすぎる。マルチ商法みたいに何か裏があるに違いない。それに、心中事件のあった家で骨壺を受け取るなんて気味の悪い儀式はごめんだ。

そう思い、後藤さんはにべもなく断った。

常田さんは「そっか」とだけ言うと、急に口数が少なくなってスマホを触りはじめたかと思えば、やがて逃げるようにファミレスから出ていった。


きっと最初から神様の役をやらせるつもりで呼び出したのだろう。何か隠していることがあるに違いないと踏んだ後藤さんは、常田さんの親戚を探して神様の真相を探ろうと思った。

やがて数日が経った頃、常田さんのおじさんにコンタクトを取ることができた。常田さんのSNSアカウント伝いに、同じ常田姓の中年男性を見つけ、あっさりとつながることができたのだ。

後藤さんは、常田さんから「神様の勧誘」を受けたことを簡潔に説明し、おじさんに神様とはどういうものか訊いてみた。すると、常田家には一年ごとに神様となる人間を親戚のなかから選び、一年間神様の任についてもらう独特の風習があると教えてくれた。

「神様には、一年ごとに次の神様となる人を選んでもらうことになっています。ただ、前の神様は次の年が来る前に亡くなってしまうんです」

神様は死ぬ――衝撃的な言葉に動揺を隠せない。

「ですが、ひとつだけ死を回避できる方法があるんです。次の年になるまで――つまり元旦より前に、ほかの誰かに神様役を代わってもらえばいい。そうすれば、死なずに済む」

やはりそういうことか、と後藤さんは納得した。何か裏があると睨んでいたが、常田さんは自分が助かりたかったのだ。

友人をだまし、その命を犠牲にしてまで……。

結局、常田さんに危うく殺されかけたことだけは知ることができたものの、それ以上の情報は訊けなかった。北茨城の家や謎の客人、骨壺なども気になるが、安易に首を突っ込んではならないと思ったのだ。

常田家には、覗きこんではならない闇があるのではないか。すべての真相を知ったら、自分も無事では済まないのではないか。そんな恐怖を抱き、おじさんとの連絡もそれきりにした。

ファミレスで別れて以来、常田さんとも連絡を取っていない。

「常田はどうなったかすらわからないし、正直興味すらない。

最初から神様を押しつけに来たのだろう。

どんな理由があるにせよ、友人を犠牲にするようなことをしたあいつを一生、許せない」

そう後藤さんは、怒りに拳を固めて打ち明けてくれた。

おもかげ

娘を亡くした男と、父を亡くした娘が出会った。

男が亡くしたひとり娘の名前は千恵。

娘が亡くした父の名前は健介。

出会った二人も、健介と千恵。音だけでなく、字までまったく同じだった。

二人は東京行きの新幹線のなかで出会った。

健介さんが正月休みに故郷の茨城県へ向けて里帰りをしようと、小雪ちらつく朝に飛び乗った新幹線に、あとから東京見物へ向かう千恵さんが乗車して隣の席に座ったのだ。

些細なトラブルが原因でコミュニケーションがはじまり、やがて意気投合したという。

名前を聞いたときはお互いに大変驚いた。

「こんな偶然あるんですね」と笑いながら、亡きお互いの家族を思った。

「娘を思い出すいい機会になった。それに、君には失礼だけど亡くなった娘とそっくりなんだ」

そう言いながら照れくさそうに頭をかく健介さんに千恵さんが、

「私も……最初に見たとき、お父さんが帰ってきたのかと思ってしまいましたよ。あまりにも似てたから……」

そう言って優しく微笑んだ。

そのまま新幹線は東京駅に着き、二人は別れた。

後日、千恵さんが母親にこの不思議な邂逅《かいこう》を話した。母は「不思議なこともあるもんだね。少しだけ私もその人に会いたかった」などと言って不思議がっていた。

そのとき、自分の首もとを見やり「そのマフラーどうしたの⁉」と血相を変えて驚いている。

じつは新幹線のなかで寒そうにしていたのを見かねて、健介さんにもらったのである。

その旨を母に教えると、

「こんな偶然あるかしら。私があの人に……パパに、誕生日に買ってあげたマフラーと一緒よ」

そう言いながら二人でしばらく泣いてしまったという。

「今度その人に会ったらしっかりお礼をしなさい」

母はそう言った。千恵さんももちろん、そのつもりである。

――また来年、会えればいいな。

そのときはこのマフラーのほつれを修してあげて返したい。

「今年は寒くなりそうだし、来年の冬ももっと寒くなるかもしれないから」と千恵さんは言う。

嫉妬

潮来市

安住さんは毎年、必ず初詣に行く。

茨城にある妻の実家の近くの神社も参拝する。

買ったお守り袋が、三日もしないうちに中身ごと破けてしまう。

自分の実家がある熊本の神社ではそうしたことは起こらないので、神様が嫉妬しているのだと結論づけて無理やり自分を納得させている。

あとがき　《いばらぎではなくいばらき》

ふと何気なく送ってみた実話怪談の公募・怪談マンスリーコンテストから数年、三度最恐賞をいただきましたが、右も左もわからぬうちにありがたいチャンスをいただきこのたび単著という運びになりました。

まだ、技術的にプロの書き手には及ばない部分があるかと思いますが、いままで集めたある種、異質で不可解で奇妙な怪談を《ご当地》というテーマで、新旧混ぜ合わせて思い思いに書いたつもりではあります。

正直申し上げて、難しかったというのが本音であります。

怪談収集歴としてはおよそ二十年以上になりますが、よくもこんなに怖い話、不思議な話ばかり集めたものだと我ながら自分の怪談好きに呆れ返ることも屡々《しばしば》。飽きやすい性格ゆえ、手をつけてはいとも簡単に投げ出した趣味のなかで、唯一続けたのが実話怪談収集でした。いまやそれが人生の生き甲斐になっております。

本書はご当地怪談本ですが、自分の目と耳で吟味した私なりの感性で茨城県を描写することを心がけました。

読んでくださった方が、さらに茨城県に興味を持てるようなバラエティに富んだ話を数多ご用意いたしました。ご家族で楽しむもよし、ご夫婦で楽しむもよし、おひとりで楽しむもよし。退屈な毎日にそっと、非日常という怪異の篝火《かがりび》を焚くことがかなうならば幸いです。

また、怪談が好きでたまらない、いわゆる《怪談ジャンキー》の方々にもお喜びいただけることを願ってやみません。激動の怪談シーンに、今後ますます夢やロマンがありますように、いま私が出来うる最大の畏怖を本書に封じ込めました。

とくに印象に残っている話として、「いしゃらさん」「葬式に訪う者」「登山家の家」。このあたりは、自分でもまったく変な話だなあと思うと同時に、大切にしている話でもあります。また、「おもかげ」「小豆洗いの怪」などは、人の優しさや温かさが感じられる話でもあるので、これらもまた大切にしています。

私は農作業をしているおばあちゃんやトラクターを運転しているおじいちゃんに話を聞くことが多いのですが、そんな方々によって丁寧に耕された豊かな土地に根付く怪異譚が、とても好きです。

そうしたやや古い話を扱う際、人の《記憶》こそが私の取材におけるもっとも気を遣う部分であり、重きを置いている部分になります。

実話怪談とは、紙のうえに記された歴史から大きく外れたところで人知れず刻まれた《怪異》という記憶の足跡です。誰かが耳で拾って残さなければやがて風化してしまい、跡形もなく消えてしまうでしょう。だから記録者が必要です。

怪談は、「ナマモノ」です。だから、放っておけば腐ります。

腐る前に誰かが聞いて、それを形に残す必要があります。

それがせめてもの《供養》だと信じています。


本書に記録された幽霊話、果ては妖怪話にまで至る怪談奇談の数々は、体験者様の協力なくしては出来ませんでした。いくつもの出会いの末に出来上がったこの『茨城怪談』は、私だけの本ではありません。

貴重なお話を提供してくださった皆様、竹書房小川さま、編集菅沼さま、ご協力、応援いただいたすべての皆様に感謝の言葉をお伝えします。

有難う御座いました。

最後に、ひとつ大切なことを。
《いばらぎ》ではなく《いばらき》です。
覚えておくと何かと便利です。感謝!

令和五年四月　影絵草子

★読者アンケートのお願い

本書のご感想をお寄せください。アンケートをお寄せいただきました方から抽選で10名様に図書カードを差し上げます。
（締切：2023年5月31日まで）

応募フォームはこちら

茨城怪談

2023年5月5日　初版第1刷発行

著者……影絵草子
デザイン・DTP　……荻窪裕司（design clopper）

発行人……後藤明信
発行所……株式会社 竹書房
〒102-0075　東京都千代田区三番町８－１　三番町東急ビル６F
email：info@takeshobo.co.jp
http：//www.takeshobo.co.jp
印刷所……中央精版印刷株式会社